# Vida Plena

Tim Storey

# Vida Plena

## Desfrute o que a vida tem de melhor

Tradução
Herculano Villas-Boas

PRUMO
desenvolvimento

Título original: *Utmost living*

Originalmente publicado pela Harmony Books,
uma divisão da Random House, Inc.



**Direção editorial**
Soraia Luana Reis

**Editora**
Luciana Paixão

**Editora assistente**
Valéria Sanalios

**Assistência editorial**
Elisa Martins

**Revisão**
Valentina Nunes
Leandro Morita

**Criação e produção gráfica**
Thiago Sousa

**Assistente de criação**
Marcos Gubiotti

CIP-Brasil. Catalogação-na-fonte
Sindicato Nacional dos Editores de Livros, RJ

---

S887v Storey, Tim
Vida plena: desfrute o que a vida tem de melhor / Tim Storey; tradução Herculano Villas-Boas. - São Paulo: Prumo, 2008.

Tradução de: Utmost living

ISBN 978-85-61618-32-2

1. Auto-realização (Psicologia). 2. Sucesso. I. Título.

CDD: 158.1
08-3164. CDU: 159.947

---

Direitos de edição para o Brasil:
Editora Prumo Ltda.
Rua Júlio Diniz, 56 - 5º andar – São Paulo/SP – Cep: 04547-090
Tel: (11) 3729-0244 - Fax: (11) 3045-4100
E-mail: contato@editoraprumo.com.br / www.editoraprumo.com.br

*Para meu irmão mais velho, Randy*

*1957-2000*

Do companheiro de quarto e de beliche que compartilhou as mesmas roupas surradas... Mesmo quando a sua jornada era árdua, meu irmão, você inspirou-me um caminho de bom sucesso. Obrigado por me proteger e acreditar em mim quando eu era apenas uma criança de grande cabeleira africana e nada nos bolsos cheios de sonhos.

# Agradecimentos

Para Nate e Al, em Beverly Hills – obrigado por me fornecerem a atmosfera que me ajudou a observar e perceber que a vida é como um bar-e-restaurante.

Para minha empresária e amiga Suzanne de Passe, uma das mentes mais inteligentes que conheço. Sua liderança e habilidades levam-me a ouvi-la e lê-la.

Para Alan Nevins, pelo empreendimento – você acreditou neste projeto desde o início. Sua sabedoria, força e humor ajudaram-me a transformar este sonho em realidade.

Para Lance Klein, pelo esforço – você tem sido um grande empresário e amigo, e sempre me encorajou a seguir adiante.

Para Quincy Jones, Lee Iacocca e Bernie Brillstein – meus verdadeiros mestres, que me ampliaram através de tantas conversas.

Obrigado à minha família, que tem sido, verdadeiramente, uma família. Vocês se importam comigo, me amam e acreditam em mim, sempre... especialmente você, Mamãe.

A meus filhos, Isaiah e Chloe, que me fazem querer ser bem sucedido, para que eles possam ter um caminho menos difícil.

A Walt Bode, o melhor parceiro de redação que alguém pode ter. Seu amor pela vida abre caminhos e segue adiante. Você levou-me, como escritor, a meu pleno nível. Você é um verdadeiro profissional, Walt.

À minha equipe – obrigado pelo tempo, pela atenção e por acreditar no poder de melhorar as vidas.

A Julia Pastore – sua dedicação, seu árduo trabalho e sua confiança neste livro irão, por sua vez, mudar milhares de vidas. Obrigado pelo constante carinho e consideração.

À equipe da Harmony Books – vocês formam um grupo fantástico. Adorei trabalhar com todos vocês.

Finalmente, ao sublime Deus, que me deixava contar-Lhe piadas de Bill Cosby, enquanto pedalava a minha bicicleta, quando eu tinha oito anos, e que me deu o dom de ver as pessoas através de Seus olhos – admiravelmente feitos e belos. Você deu atenção a um menino com uma quase-vida e ensinou-me que era possível viver em nível pleno.

# Sumário

Introdução ........ 11

1. A descoberta de um lugar para os seus sonhos ........ 18

2. O que o deixa faminto? ........ 39

3. Não deixe suas impossibilidades anularem as suas necessidades ........ 60

4. Ouça a si mesmo ........ 81

5. Deixe a festa começar ........ 100

6. Você tem tudo de que precisa ........ 119

7. Seu sistema de apoio ........ 139

8. Evitando a indigestão ........ 156

9. Transformando o deserto em "dessert" ........ 176

10. Viver plenamente é uma arte "culinária", não apenas uma receita ........ 198

11. De "quase tudo" à Plenitude ........ 216

12. Acredite em Viver Plenamente ........ 230

Conclusão: o início ........ 243

O Contrato da Vida Plena ........ 247

# Introdução

Já é tempo de delinear uma nova vida que satisfaça a seu verdadeiro ser, enquanto pessoa que possui sonhos e busca realizá-los. Ao abrir este livro, você inicia-se no caminho rumo à vida plena. Algumas pessoas perguntam-me o que desejo dizer com isto: Vida plena? É realmente muito simples. Uma vida plena é o contrário de uma "quase-vida", de uma vida "mais ou menos" – como você imagina a vida de pessoas que utilizam "mais ou menos" as habilidades e os talentos que lhes foram dados. Uma vida plena vai além de uma vida "quase": vai além do universo das pessoas que "quase chegam lá", quase sempre conseguem o que desejam e realizam o que podem, mas, na verdade, não dão o salto para virem a ser tão maravilhosas quanto poderiam ser, não transformam a potência em ato, as suas potencialidades em realidade.

Você é uma das pessoas que desejam viver uma vida plena – uma vida em que você alcança tudo o que espera alcançar, realiza todos os sonhos que pode sonhar, retribui ao mundo tudo o que lhe é dado, vindo a ter mais valor do que jamais teve. Sei que você pode fazê-lo e espero auxiliá-lo.

Minha vida e minha obra alicerçam-se no princípio de que sempre podemos buscar formas de nutrir o nosso espírito, bem como o nosso corpo. A busca de ingredientes, instrumentos e técnicas que podem colher as imensas riquezas da vida sempre foi parte importante de minha existência. Neste livro, busquei reunir e refinar as minhas pesquisas sobre o espírito, o mundo e as vidas de pensadores profundos, de grandes benfeitores e líderes, bem como as minhas experiências em auxiliar pessoas a superar desafios e temores imensos ou pequenos. Neste livro, compartilharei alguns dos princípios que aprendi, e que lhe abrirão as portas para um amanhã melhor.

O presente livro oferece receitas claras e específicas para auxiliá-lo a tomar decisões que o fortalecerão para viver uma vida gratificante, produtiva e sem remorsos. Como instrutor e técnico da vida de muitos atletas conhecidos e celebridades artísticas, vejo um desejo similar em cada pessoa que aconselho, e posso adivinhar que em você também existe este desejo. Em você há um sonho que espera realizar-se. Pare, olhe, ouça a sua voz interna – ela lhe fala o que você poderia estar fazendo.

Você pode ter se aproximado deste livro porque deseja realizar algo, como deixar de fumar ou conquistar um trabalho melhor. Neste caso, posso auxiliá-lo. Você pode ter, em sua vida, um problema perturbador que deseja resolver – algo que arruína a sua saúde ou compromete os seus relacionamentos. Também neste caso posso auxiliá-lo. Você pode ter procurado este livro devido a um sentimento difuso de falta, de ausência de algo em sua vida, movido pela intuição de que algo melhor poderia ser feito com o seu tempo de vida. Também neste caso posso auxiliá-lo.

Mesmo que você tenha alcançado essas metas e superado esses problemas, há algo mais que este livro pode fazer por você. Pois este é um livro sobre viver plenamente – criar uma vida que eleva não apenas você mesmo, mas também as pessoas e o mundo ao seu redor. É um livro sobre a vida que é constante crescimento e retribuição. É sobre uma vida plena. É sobre uma viagem maravilhosa através de um país rico e gratificante que se chama vida, a sua vida. Vejamos de perto estes aspectos.

## Não importa o que você tem: o que importa é como utiliza o que tem

Sem jamais conhecê-lo, posso lhe afirmar: você dispõe de todas as habilidades necessárias para tornar-se um transformador de seu mundo e vir a ser alguém que faz história. Tudo reside em como utiliza as suas habilidades ao agir e em aprender a utilizar os dons existentes em você mesmo. É isto que o torna especial, e, para tornar-se grande, você precisará utilizar o seu estilo e talento únicos. É isto que o torna diferente de todas as demais pessoas em nosso planeta.

Tive o privilégio de viajar por cinqüenta e cinco países bem como por quarenta e oito estados norte-americanos. Assim que chego a meu destino, procuro o "ponto", o "bar-restaurante" da cidade. Naturalmente, ele não tem o mesmo nome em toda parte – na França, é um café; na Inglaterra, um *pub* –, mas todas as nações possuem esses espaços aonde as pessoas vão para fazer uma refeição agradável e eventual, para conversar um pouco, para sentir uma atmosfera agradável. Esses "restaurantes" do planeta tornaram-se, para mim, um abrigo; mais: acredito que a forma como agimos em um restaurante pode contar-nos muito sobre o resto de nossa vida.

Por exemplo: a primeira coisa que precisamos fazer em um restaurante é tomar uma decisão – onde sentar. Isto pode soar trivial, mas não é: as escolhas cotidianas são importantes. Você já pensou realmente sobre as escolhas que faz a cada dia? A vida é cheia de opções perturbadoras e de decisões às vezes difíceis. A forma de você tomar decisões em um restaurante pode exprimir a forma como vive toda a sua vida. Você escolhe cuidadosamente o que comer, busca os alimentos que vão mantê-lo saudável e "restaurado", sempre preparado, pronto para os novos desafios? Limita-se a escolher algo que parece saboroso? Deixa outras pessoas decidirem o que deve comer?

Se um garçom parece apressado ao ouvir o seu pedido, você fica em dúvida e acaba comendo o mesmo de sempre? Ou fala: "Preciso de tempo para ver o cardápio"? Se você não pensa cuidadosamente sobre o que entra em sua boca, e vai para o interior de seu corpo, também pode apressar-se em outras decisões sobre o que entra em seu coração e mente e vai para o interior de sua vida.

Mas as decisões sempre nos trazem conseqüências, como indigestões ocasionais, ou azias crônicas, a furtar-nos o mais simples e puro prazer de comer. Por exemplo, o hambúrguer com fritas que habitualmente pedimos pode conter substâncias indesejáveis, mas, na verdade, não estou falando de hambúrguer e fritas. O importante é que não pensamos no que acontecerá daqui a vinte anos – por exemplo, um ataque cardíaco. Uma decisão que você toma uma vez, e esquece para sempre, pode levar a uma vida de remorsos. Anos atrás você pode ter se decidido a substituir um sonho de longo prazo por uma vantagem de curto prazo – e agora, depois de tanto tempo, você se espanta por sua vida parecer tão sem propósito. Neste caso, o sonho sofre um ataque cardíaco.

O tema deste livro é ajudar você a escolher a vida que deseja levar – e aprender as formas de realizá-la. Assim como decidimos o que comer a cada dia, devemos também decidir como viver a cada dia. Cada escolha que fazemos influencia a qualidade de nossa vida – e as decisões tomadas apressadamente têm efeitos no futuro.

Isso não significa que precisamos nos angustiar a cada instante ou buscar decidir se este é o momento certo para levantar da cama. Assim como há princípios básicos sobre os alimentos que são bons para nós, há princípios básicos sobre como viver a vida plenamente. Com esses princípios, você irá desenvolver hábitos para agir, pensar e viver, que transformarão a sua vida. Desejo comunicar-lhe as linhas mestras que permitirão à sua vida tornar-se plenamente satisfatória e ricamente gratificante – não apenas para você, mas para todos a seu redor.

## Agora é a hora de ser grande

As escolhas são importantes todos os dias. Não escolha o mesmo cardápio em todas as refeições se deseja que a vida seja diferente do que foi ontem. Você lamentará decisões apressadas que não o preparam para viver plenamente. Pode ter pedido a mesma pizza calabresa, semana após semana, e mesmo ano após ano, sem jamais parar para pensar por que a vida parece estúpida e monótona. Ou pior, talvez você não escolha absolutamente – talvez esteja deixando outra pessoa planejar o seu cardápio de cada dia.

Ao ler as primeiras páginas deste livro, você já perceberá como o restaurante da esquina oferece ricas lições para se fazer boas escolhas no restaurante da vida. Você será capaz de ver como as escolhas que faz vão deixá-lo satisfeito – ou querendo mais. Você pode viver uma vida saudável, ou uma vida devastada e dissipada; pode até mesmo matar-se de fome. Quando escolher é preciso, todas as opções são possíveis.

Sou pastor, reverendo ordenado, bem como um treinador da vida, e assim Deus é essencial em tudo o que faço. Você pode pensar em Deus de forma diversa, ou pode não pensar muito Nele. Acredito que Deus é real e pode tornar as nossas vidas infinitamente mais fáceis, com a Sua força. Se a fé do leitor exprime-se de forma diversa, mesmo assim podemos continuar a conversar. Você pode não acreditar que Seu objetivo foi criar as nossas vidas, mas pode continuar desejando alcançar o propósito, a meta, a finalidade, o objetivo de sua vida. Enquanto você acreditar em si mesmo, podemos fazer muita coisa juntos.

Mas estou lhe falando que a vida oferece opções maravilhosas, e essas opções temperam o nosso ser. E se a sua existência assumiu certa forma e certo ritmo, isto não significa que ela seja imutável. Ela pode retomar os melhores sabores. Depois de começar a ler este livro, mantenha-o junto a si, até terminá-lo.

Cada capítulo desafiará você a fazer uma pausa e a dirigir esse alimento para o pensamento, antes de correr de volta às atividades cotidianas. Cada capítulo oferece-lhe uma "bolsa" – um espaço onde guardar os seus sonhos – para levar consigo à próxima refeição.

Vou levá-lo a trabalhar neste livro, mas você precisará trabalhar-se, agir em si mesmo. Você realmente já ocupou seu tempo conhecendo a si mesmo, para além de todas as coisas que o levam a sentir culpa, as coisas que não consegue deixar de fazer, os deveres que o fazem sentir-se obrigado a cumprir? Bem, você não se limita a ser, por acaso, uma coleção de fracassos, fragilidades, deveres, responsabilidades e regras. Você é uma pessoa de real valor, tem importância em seu mundo e pode adicionar valor ao mundo.

Nosso trabalho visa ajudá-lo a descobrir quem é você, bem como criar guias para as suas ações. Você pode ver este trabalho como uma receita para a vida que deseja viver. E precisará registrar o que anda fazendo, para manter-se concentrado e perceber como tem melhorado. Escrever é provavelmente a melhor forma de registro, mas é possível sentir-se mais à vontade e mais produtivo mantendo os registros de outra forma. Talvez você os faça no telefone celular. Mas é preciso fazê-lo. Ao final de cada capítulo, há algumas páginas para auxiliá-lo a desejar a vida plena e a encontrar meios de praticá-la. Sua vida plena será diferente da vida dos outros, e a forma de realizá-la também será diferente. O que importa é manter anotações sobre a sua jornada.

Ofereço-lhe diversas formas de iniciar – perguntas e outras contribuições para auxiliá-lo a pensar, a focar-se, a concentrar-se em uma vida melhor. Aproveite as formas que lhe forem úteis, mas se obrigue a responder a todas as questões, ou preencher todos os espaços em branco. Essas formas não são testes. Imagine-as mais como uma coleção de recursos, de meios a auxiliá-lo não apenas a fazer o máximo com o que tem, mas também a exteriorizar, atualizar, realizar o potencial ilimitado existente em seu interior.

Como digo no presente livro, você estará sempre alcançando novas metas, sonhando novos sonhos. Espero que encontre utilidade para as páginas ao final de cada capítulo mais de uma vez; assim, pode querer fotocopiá-las. A única coisa que você não pode fazer é ficar parado. Digo agora pela primeira vez, mas não a última, que, se você não almejar nada, provavelmente não chegará a lugar nenhum. Se você não desejar alcançar lugar algum, todos os caminhos são indiferentes e iguais. Se desejar mudar a vida sem agir, terá de procurar um mágico. Mas acredito que, se você se esforçar comigo, verá resultados quase imediatos. Imagino que você amará os resultados alcançados e espero que desfrute dos benefícios.

Seja você quem for, deseje o que desejar, sei que será capaz de alcançar essas metas. De fato, sei que poderá realizar muito mais. Encontrei milhares de pessoas – de viciados em drogas a presidentes de imensas empresas – e todas têm algo em comum: cada uma delas é uma pessoa notável. Todos nós possuímos os instrumentos e talentos básicos para realizar coisas notáveis. Simplesmente precisamos aprender a utilizá-los. Quando você o fizer, estará pronto para desfrutar do contrato para viver plenamente – que encontrará ao final do livro – e para transformar a sua vida.

# 1
# A descoberta de um lugar para os seus sonhos

O bar-restaurante que freqüento na minha cidade é clássico: escada dupla levando a uma entrada ornamentada com jogos de arcadas, fachada estrelada em verde-azulado e prata, divisórias estofadas vermelhas, extenso balcão de um lado e a luz do sol a brilhar, a se derramar por toda parte. Todos os que aqui vêm para o desjejum não conseguem deixar de sentir o mesmo: o dia começou muito bem.

Venho aqui uma ou duas vezes por semana, quando estou na cidade, mas freqüento este lugar bem menos que o apresentador Larry King, agora sentado a duas mesas de onde estou. Ele está por aqui quase todos os dias – quando não está gravando o seu programa em Nova York –, normalmente ao lado de três amigos. Posso apostar: mais problemas mundiais são solucionados naquela mesa do que nos escritórios – isto é, solucionados germinalmente, sem que o resultado os impeça de comer seus ovos. Às vezes, Steven Spielberg chega amavelmente, parecendo pensar no universo a mover-se em seu coração e mente.

Não preciso lhe falar como gosto de ver essas pessoas, sentado no mesmo restaurante onde elas se encontram. Eu, filho de uma família de baixa renda, de Whittier, Califórnia. Isto é bom? Deixe-me pensar. Bem, dei conferências ao redor deste planeta, falei ao Congresso norte-americano, encontrei estrelas de diversos ramos profissionais, mas continuo a me divertir com tudo isto. Com a vida. E como. Você nem imagina.

A não ser, é claro, que você acredite: – Tudo é possível. Eis por que estou aqui a lhe falar. Tudo o que você pode pensar pode tornar-se real. De fato, vai tornar-se real – eis a lei da atração. Tudo é possível. Realmente possível. Vá em frente, diga isto a si mesmo. Diga em voz alta. Diga de forma convicta, pois, antes de terminar de ler o presente livro, você terá certeza. Tudo é possível. E isto é ótimo.

## Se a vida é sua, colha-a

Sou fã número um da Rede Tudo é Possível (RTP). Uma vez, eu estava vendo um jogo de futebol americano com um amigo que vive no campo. Que mora longe, muito longe. E, como eu, ele é um grande fã de futebol e estava entusiasmado de verdade com o seu novo receptor de satélite e com o que as novas antenas proporcionavam à sua vida. "Tim: veja isto", disse ele. "Em qualquer lugar onde ligo o receptor, é isto que vejo. Posso ver jogos da Costa Leste, do Meio Oeste, de toda parte." Ouça novamente: "Em qualquer lugar onde ligo o receptor, é isto que vejo." Precisamos estar antenados, ter um receptor como esse em nosso coração e mente. Pois você poderia ver a Rede Sou Tão Estúpido, a Rede Essa Besteira, a Rede Bobo ou a Rede Isto é Muito Difícil, ou qualquer uma das centenas de outras redes que irão deprimi-lo enquanto você as assiste. Quando você prestar atenção e sintonizar a RTP, vai receber algo que vai colhê-lo.

Um de meus amigos mais extraordinários é Duane Chapman, mais conhecido como o Cão Caçador de Recompensas. Fui apresentado a ele há muitos anos, quando o Cão era caçador de recompensas, mas antes ele já se tornara famoso e cometera os mais célebres erros. Trabalhava no Havaí e em Denver, mas não era feliz; sabia que a vida era muito mais do que aquilo que ele tinha. Com Beth, a sua companheira, Cão e eu começamos a passar bons momentos juntos. Falei a eles um pouco sobre os cantos da vida. Um canto é um ângulo ou uma curva próxima que não podemos ver. Às vezes, sua vida parece desenvolver-se em linha reta – você pede a mesma coisa todos os dias, todas as semanas, todos os meses. Mas se você estiver antenado, se ligar o seu receptor, irá a um canto, às esquinas da vida, além daquela curva, e nunca se sabe que coisas maravilhosas podem encontrar-se ao redor desse canto.

Cão tinha fé, e alcançou o canto. No canto, apareceu em um programa do A&E, o canal de tevê a cabo mais popular no momento. Então, a sua autobiografia tornou-se o livro mais vendido. Fui a seu casamento com Beth – depois de viverem juntos por dezesseis anos, eles finalmente decidiram se casar – e estávamos no mar, em um barco. As pessoas do A&E estavam ali, celebridades estavam ali, e centenas de pessoas alinhavam-se no horizonte, nos rochedos, na costa, aclamando Cão e o parabenizando. Cão começou a chorar. "Você pode imaginar isto?", disse ele, através das lágrimas. "Veja, Deus me levou tão longe." Se você estiver antenado, ligado a seu receptor, boas coisas estarão lhe esperando, bem ali no canto.

Quando vou a meu restaurante, às vezes posso adivinhar quais das pessoas presentes não acreditam que tudo é possível. Os que mais me preocupam estão sós, sentados nas mesas próximas à cozinha. Ali está Jack, sempre ali, fingindo ler o jornal enquanto ouve as conversas ao redor. Sempre próximo à porta da cozinha, que não é precisamente a Sibéria – o restaurante é bem menor que a Sibéria –, mas certamente não é a praia de Veneza, Venice Beach. Ali há muito rumor, os garçons estão sempre passando, há a fumaça, o aroma e o calor da cozinha. Inclino meu boné do time dos Dodgers para ele, que devolve o aceno. Jack não tem mau aspecto, se você não se importar com seu pequeno piercing. Cabelos escuros, e nada pálido, como o habitual, em Los Angeles.

Chega Frances. "Onde 'cê quer ficar hoje, Tim? Na janela? Vai ficar no canto?" Frances é sempre um desafio para mim. Não busca adivinhar nada, e assim me leva a pensar sobre fazer uma escolha. Decidir onde sentar-me. Hoje resolvi que tenho algo a fazer.

*Enquanto o tempo passa, o momento*
*tão esperado por você é agora.*

– Lucinda Williams

– Hoje vou me sentar ali, Frances, obrigado.

– Ali? Perto da cozinha? Quer saber o que Lou está fazendo para o especial, hoje?

– Para variar, Frances, deixe-me de bom humor.

– Esta sou eu, a Menina Bom Humor. Suco?

– Este sou eu. Só vou dar uma olhada no cardápio.

– À vontade. Você mudou desde terça-feira.

– Talvez. – Sento-me e olho para Jack, que finge não me ver, mesmo sabendo que habitualmente me sento bem longe dele. Inclino em sua direção. – Desculpe, este é o *Times* de hoje?

– É – ele diz, e pensa se dará o próximo passo. E dá. – Mas eu não diria que as notícias são de hoje.

Dou risada com ele. Seu desejo de conversar é evidente e demonstra que está aberto para a troca, ou ao menos para o intercâmbio. Jack já faz uma escolha, e eu já sinto que o dia será muito bom. Posso ajudar pessoas que não reconhecem precisar de ajuda, mas é bem mais fácil quando elas reconhecem.

## A vida planejada, não descuidada

Já falei com muitas pessoas iguais a Jack. Ele próprio não sabe por que sempre se senta próximo à cozinha – este é apenas o lugar onde ele aterrissou à primeira vez que veio ao restaurante, e jamais se sentou em outro lugar. Ele vive de forma descuidada, não planejada. Para ele, o que foi torna-se o que é e será. Jack não sintonizou a RTP.

Pode-se achar que não há nada realmente errado em deixar as coisas serem pequenas, entediantes, angustiantes, distorcidas, deprimentes. Talvez, se fosse só por esta manhã, eu poderia deixá-las serem assim. Não se pode mudar tudo de uma vez só. Se fosse só por hoje, eu poderia deixar as coisas como estão. Mas viver uma vida cheia de pequenez, com situações entediantes, angustiantes, distorcidas, deprimentes, vem a ser viver de forma descuidada. Uma vida cheia de estática impede-nos de sintonizar a Rede Tudo é Possível, potente irradiação em HD, alta definição em tempo integral. Capta-se a estática, não o sinal. Busca-se saltar com os sapatos atados; busca-se cantar com a boca amordaçada; busca-se pintar um quadro de olhos vendados. Mas lembre-se: a sua vida é alegria, é a sua canção, a sua obra-prima.

---

*O sucesso não é efeito de combustão espontânea. É preciso lançar-se às chamas.*

– Fred Shero

---

É tempo de desatar o nó dos sapatos, jogar fora a mordaça, lançar a venda ao lixo. Você se encontra aqui para fazer algo divinamente maravilhoso. Por que Deus o colocaria na Terra? Ele não faz as coisas pela metade, não as deixa incompletas. Não fala a Si mesmo: "Bem, acho que hoje criarei um pequeno, não muito importante, ser humano. Farei apenas uma experiência. Vamos ver o resultado. Talvez amanhã trabalhe um pouco mais". Ele nos dá tudo o que tem e deseja que utilizemos tudo. Por qual outro motivo tudo existiria?

Vou auxiliá-lo a encontrar o seu caminho, passando do descuido ao planejamento, do caos ao cosmos, rumo à melhor vida possível, à vida plena. Vou lhe dar os instrumentos para ordenar a vida que você deseja, e auxiliá-lo a descobrir o que é a vida plena e o que o impede de vivê-la.

Estou olhando o cardápio quando, de repente, um grito na cozinha surpreende a Jack e a mim. "Tome! Vamos! Mãos diligentes trazem riqueza!" Tenho de sorrir; uma de minhas razões para gostar deste lugar é o dono citar Salomão. Levo alguns minutos a decidir meu pedido, mas Jack limita-se a falar: "O de sempre" – sem olhar o cardápio. Pergunto-lhe se gosta da comida do lugar.

– Ah, é boa, acho. – Franzo as sobrancelhas, continuo a olhá-lo. – Bem, na verdade, é muito ruim.

– Ah, lamento que você não goste. Sempre pede a mesma coisa? – Começamos a conversar e Jack pergunta-me o que faço. Quando lhe conto que não sou técnico de futebol, mas treinador da vida, ele olha um pouco surpreso e fala:

– Menino, isto deve ser incrível. Mas eu jamais poderia fazê-lo. Às vezes não tenho certeza nem de qual é o esporte que pratico.

Sentar à mesma mesa não é a única parte da vida que Jack limita-se a aceitar. Sempre pede o mesmo prato por lhe ser muito difícil decidir algo diferente a cada manhã. Não se queixa quando a comida está ruim, pois vem aqui quase todos os dias e não deseja que fiquem irritados com ele. Nem vai a outro restaurante, pois a comida poderia ser até mesmo pior. Para Jack, existem obstáculos a cada passo.

Jack está vivendo uma vida descuidada, ao léu, ao acaso. Tornou-se uma vítima – vítima das circunstâncias. Não deixe isto acontecer a você. Você tem opções; pode fazer algo diferente. Desperte e dê uma olhada ao redor, veja o ambiente que você criou para si mesmo. Não continue digerindo coisas que podem deixá-lo doente. Você pode mudar as faces, lugares e espaços de seu mundo. As circunstâncias não o dominam: você domina as circunstâncias. Deixe de ser uma vítima das circunstâncias e comece a ser um vitorioso sobre as circunstâncias.

## Não deixe seu passado predizer seu presente

As espécies de coisas que acorrentam Jack são apenas a ponta do *iceberg*. Vi por mim mesmo. Não éramos uma família rica. De fato, éramos muito pobres, mas meus pais tornaram nossas vidas ricas. Éramos uma família feliz. Eu amava esportes e, enquanto pude jogar, era um bom atleta. Há um retrato meu com o uniforme de minha Pequena Liga esportiva infantil: muito magro, grande sorriso, volumosa cabeleira afro, com o boné da Pequena Liga no alto. E um grande rasgo em minha calça jeans. Não me importava; minha família não se importava com essas coisas. É como se não soubéssemos que éramos pobres, então isso não tinha importância. Minha mãe trabalhava muito e, se estávamos perto de passar necessidade, ela nos mantinha com alimentos que comprava em quantidade. Quem visse os armários de nossa cozinha não veria nada, salvo esses alimentos.

Meus pais não tinham muito dinheiro para gastar, mas tinham muito amor para nos dar, e éramos felizes. Meu pai amava passar seu tempo conosco. Falava: "Vamos a uma viagem em família", e nos amontoávamos na perua. Algumas de minhas melhores lembranças vêm de quando todos nós – éramos sete – nos empilhávamos em nossa perua para as viagens da família. Uma vez viajamos de Los Angeles a Seattle, e continuo sem saber como cinco crianças sobreviveram naquele minúsculo espaço por tanto tempo. Não fosse o grande senso de humor de mamãe e papai, imagino que nós, os pequenos, poderíamos ter feito sérios danos uns aos outros. Mas nossos pais nos mantinham sempre alegres.

Lembro especialmente de quando fomos à Montanha do Grande Urso, parque de recreação ao sul da Califórnia. Começamos a falar sobre o que gostaríamos de fazer. Começamos a sonhar; começamos a fantasiar naquele pequeno espaço.

Naquela viagem, vi muita gente esquiando. Nunca tinha visto ninguém esquiar antes, não pessoalmente, ao vivo. Alguém no carro disse: "Gente como nós não esquia". Aquilo então não me pareceu certo, e não me parece certo agora. Você pode fazer tudo o que deseja, pode ser quem você quiser. Tudo é possível.

Papai amava a sua família e desejava que cada um de seus filhos alcançasse seu pleno potencial. Mas um dia um policial apareceu à nossa porta. Quando o ouvi falar a mamãe que papai sofrera um acidente e não poderia voltar para casa, senti que a vida maravilhosa que eu desfrutara por onze anos tinha terminado. Naquela noite, ouvi mamãe chorar em seu quarto. Nunca tinha ouvido alguém chorar daquela forma antes, nem mesmo depois.

Tive a impressão sutil de que vivia dentro de um pesadelo. Alguém me fez um prato que eu não quis comer, e por meses e meses foi como se eu sentisse uma dor no estômago a cada minuto. Mas não importava quanto eu tentasse, não podia livrar-me daquele presente, não podia voltar ao passado, não podia aniquilar o terrível gosto em minha boca, provocado pela notícia da morte de papai. Eu não sabia o que fazer. Minha mãe trabalhava duro o tempo todo para nos sustentar. Ela trabalhava na Winchell's, uma loja de doces, sonhos e roscas, e às vezes trabalhava dois turnos por dia: chegava em casa exausta.

E nós, os cinco pequenos, tínhamos de encontrar novas formas de viver uma vida que tinha o maior buraco negro do mundo. Eu via minhas irmãs e meu irmão buscarem os seus próprios modos de viver, as suas próprias formas de apaziguar ou abrandar a dor. Minha irmã mais velha deu o máximo de si por nós. Minhas outras irmãs concentraram a atenção na escola ou nos trabalhos. Meu irmão buscou embotar-se no álcool, como tinha observado outras pessoas fazerem.

Dois anos depois da morte de meu pai, minha irmã Viola sofreu um acidente de carro e entrou em coma. Todos nós permanecemos ao lado de seu leito a assisti-la, a orar, mas ela jamais retomou a consciência. Eu era velho o bastante para sofrer e novo o bastante para achar difícil exprimir toda a minha dor.

Desejava gritar: "Ei, eu não pedi isto. Não quero ouvir minha mãe chorar em seu quarto à noite. Não posso suportar tanto sofrimento. Quero meu pai e minha irmã de volta". Nessa idade tenra, comecei a buscar dar senso, sentido ao incompreensível a meu redor, e senti um profundo desejo dentro de mim: solucionar as dores dos outros. Sabia: existia uma realidade melhor do que aquela que eu enfrentava. Concentrei-me nesta realidade melhor, e ela tornou-se verdade.

## As desculpas são uma greve de fome

Tenho de agradecer à minha mãe, provavelmente, por eu ter assumido a responsabilidade de encontrar uma realidade melhor. Ela não me deixaria inventar desculpas para mim mesmo. E procurou ensinar-me que havia algo mais na vida além de esportes e dança. E me fez lavar os assoalhos da confeitaria Winchell's, na saída de seu último turno. E me disse: "Não faça um trabalho pela metade". Aprendi a disciplina de fazer as coisas plenamente, sem me importar com os desafios que elas apresentavam.

Tudo o que desejamos fazer quase sempre se depara com obstáculos a serem superados. Eles podem ser exteriores, como a falta de dinheiro, ou o encontrar-nos fisicamente no lugar errado. Não podemos treinar cavalos na Antártida. Se formos muito altos, não seremos jóqueis. Precisamos ter responsabilidades familiares das quais não podemos nos furtar. É preciso aprender novas práticas, conhecer novas pessoas ou mudar a forma de viver a vida. Os obstáculos também podem ser interiores: velhos hábitos, velhas regras ultrapassadas, falta de autoconfiança, temores de toda espécie.

Esses obstáculos nada acrescentam à sua vida: apenas aumentam a sua carga. Você passa a carregar todo esse peso extra. Você não é quem você é realmente, passa a ser uma pessoa mais todo esse peso extra. Nos anos que se seguiram à morte de meu pai, carreguei muito peso. Não ia bem na escola, meu pai tinha partido, minha família buscava um norte. Passou-se muito tempo antes que as coisas começassem a melhorar.

---

*Se você não sair da caixa onde se encontra,*
*não irá compreender como o mundo é grande.*
– Angelina Jolie

---

Tinha dificuldades para ler e escrever: logo fui rotulado como um "aluno problemático". Este foi o rótulo que colocaram em mim, mesmo quando não pronunciavam essas palavras à minha frente. E o rótulo determinava como me olhavam, como me tratavam, e até como eu via a mim mesmo. O rótulo tornou-se a minha imagem. O dicionário define imagem como "a opinião ou conceito de algo mantido pelo público" ou "o caráter projetado ao público". Ganhei esse rótulo, colado à minha testa, e carregava-o na escola. Era o palhaço da classe, não prestava atenção na aula, não me esforçava nos estudos.

Precisava descobrir como ultrapassar esse mundo às avessas, arrancar esses rótulos. E o fiz; mas não sozinho. Isto aconteceu devido a escolhas minhas e a seres que me escolheram. Um deles foi o senhor Probert.

O senhor Probert era meu professor, e era muito divertido. Ele parecia e agia de forma semelhante ao senhor Rogers. Mesmo de pulôver. Chegava na classe, tirava o pulôver, dobrava-o e colocava-o em uma bolsa plástica, como se trabalhasse para a Brooks Brothers. Mas não aceitava meu rótulo. Disse que eu poderia me esforçar, pois era melhor do que me julgava. Ele viu o melhor em mim, não o rótulo. Expunha-me seus argumentos, e afinal venceu. Convenceu-me de que eu tinha valor. O senhor Probert salvou a minha alma.

Agora percebo que o senhor Probert viu-me com os olhos de Deus. Não sei se ele afirmava isto, e você não precisa afirmá-lo, no entanto, pode ver com olhos divinos sem afirmá-lo. Não precisei mostrar nada ao senhor Probert. Não precisei dar cambalhotas, resolver problemas de matemática ou vestir-me de superhomem. Ele apenas adivinhou o melhor em mim.

---

*Só posso ser livre se acreditar em mim.*
– Robert H. Schuller

---

E aprendi que o melhor existe em todas as pessoas. Você pode pensar que fazer algo maravilhoso está acima de suas forças. Pode ser muito jovem, muito pobre, muito calado, muito tímido. Pode ser tudo isso e, mesmo assim, ser uma maravilha.

Lembre-se, há diversos tipos de maravilhas. Alguns são óbvios, mas não todos. Talvez nem sequer a maioria. Antes de poder ver qual é o seu objetivo na vida, você precisa esclarecer as coisas que lhe obscurecem a visão, que o desviam do melhor caminho e diminuem seu apetite pela vida, sem nutri-lo. É tempo de olhar ao redor, livrar-se da dormência em seus olhos e perguntar-se: É isto o que eu quero fazer?

Passe algum tempo listando a sua despensa pessoal. Que aspectos seus você não pode mudar? Que aspectos seus você absolutamente não mudaria, mesmo se pudesse? Quais são as suas forças? Se você tem dificuldades em responder a essas questões, que aspectos seus são os melhores e mais fortes, segundo os outros? Juntos, estamos criando uma lista de ingredientes para o seu sucesso e, quando soubermos os aspectos dados à sua vida, iremos perceber a dádiva – seu verdadeiro apetite, a potência que fará de você um transformador do mundo e alguém que faz a história.

Charles Schwab, consultor de investimentos fantasticamente bem-sucedido, também tinha dificuldades na escola, quando criança. Podia ir bem em ciências e matemática, mas ler e escrever era difícil para ele. Entretanto, não deixou esses problemas o derrubarem, não os deixou tornarem-se desculpas a si mesmo; continuou buscando dar o melhor de si. E pode-se ver que seu melhor era maravilhosamente espetacular.

Anos depois, quando diagnosticaram dislexia em seu filho, percebeu que havia tido o mesmo problema o tempo todo. Mas concluiu que a sua incapacidade de fato trabalhara a seu favor. "Trabalhei muito para compensar", disse. "Minhas notas eram bem ruins, mas meu entusiasmo, dedicação e esforço eram impressionantes. E, por ter de me esforçar mais que os outros meninos, ganhei autoconfiança."

---

*Se alguém fala que chegará em segundo lugar,*
*passa a ter uma vida de segunda.*

*– John F. Kennedy*

---

Todos nós enfrentamos desafios em nossa vida; somos bons em alguns aspectos, não tão bons em outros. A vida nos apresenta algumas mudanças negativas, grandes abalos, inquietudes. Sejam quais forem essas rupturas em sua vida, não permita que elas o desviem do verdadeiro trabalho, do verdadeiro valor de sua vida. Não se deixe ter uma "quase" vida, uma vida "mais ou menos". Você sabe, "Quase entrei no time", ou "Quase consegui o emprego". Não se permita contentar-se com uma vida "em geral": "Em geral sou feliz" ou "Em geral minha vida é boa". Não. Leve sua vida à plenitude. Assuma a responsabilidade pela vida e por torná-la plena: ela pode ser plena. Irei mostrar-lhe como.

## Faça o seu próprio cardápio

Ao sentar-se para escolher e pedir uma refeição, você primeiro decide – provavelmente sem consciência disso – o que não deseja comer. Se forem nove horas da manhã, você provavelmente evitará o pastel. Se for hora de jantar, provavelmente não se contentará com chá e torradas. Mas a decisão precisa ser de acordo com a sua vontade e necessidade de acumular energias. Se você esteve trabalhando pesado desde as quatro da manhã, desejará alimentos substanciosos. Apenas não faça como Jack, que não escolhe ou pede realmente. Se você continuar fazendo as coisas como sempre fez, o que obterá é o que sempre obteve.

Ao final deste capítulo, bem como dos demais capítulos deste livro, você encontrará guias e perguntas que vão ajudá-lo a começar a escrever o seu próprio cardápio para a vida que você é realmente destinado a viver. Agora estou certo de que alguns leitores decidiram – inconscientemente – não ler tudo. De repente, o livro pode parecer trabalhoso. Há velocistas que correm os olhos pelas páginas, mas ler este livro não equivale a olhá-lo com um olho e distrair-se com o outro. Algum leitor talvez tenha decidido agir assim conscientemente. Ou talvez não tenha realmente decidido nada, mas de fato apanhou vinte livros como este e sempre desiste quando precisa agir ativamente para sua própria renovação. Bem, só peço a esse leitor cinco minutos.

Tudo o que lhe peço são cinco minutos. É muito tempo? Apenas pare por cinco minutos e sonhe comigo. Teremos um sonho maravilhoso juntos, e o sonho será sobre você. Sonhe sobre como seria ter uma vida abundante a seu redor e em seu interior. Você faz um trabalho que o satisfaz, amplia-o e o preenche. Desperta alegremente de manhã – já planejou como irá passar o dia, pois é uma alegria pensar em como desfrutar este dia.

Você passa todo o dia a deslizar e a saltar, pois tem satisfação, recompensas e um trabalho que é bom para você. Talvez devido ao dinheiro ou ao amor, mas boas coisas acontecem depois de você começar a viver a sua vida plena.

Estou convencido de que você pode realizar esse sonho – se tiver vontade de agir. Atrair a vida que você deseja, pensando os pensamentos certos, pode soar fácil, mas não acontecerá a menos que você faça acontecer. E acredito que você começará a ver a diferença quase imediatamente – se tiver vontade de agir. Algumas ações podem ser difíceis, mas a maioria delas será gratificante. Afinal, o sujeito, o tema deste livro, é você.

---

*Fazer – fazer! É um prazer infinito saber que continuamos a ter as melhores coisas a fazer.*

*– Katherine Mansfield*

---

Vou tornar as coisas fáceis para você, no princípio – tudo o que você precisa fazer é queixar-se. Isto é, você pode achar fácil fazer uma lista do que não deseja, antes de poder ver claramente os desejos de seu coração. Para ajudar a focalizar a essência de seus desejos, faça uma lista do que não deseja mais engolir. Termine a sentença: Não desejo...

Não desejo ser gordo.

Não desejo acordar de manhã sentindo que não quero levantar da cama.

Não desejo sentir que todo o mundo está desfrutando do que não tenho.

Não desejo trabalhar nesse emprego que não me interessa.

Não desejo sempre negar-me coisas e experiências apenas por não ter tempo.

Não desejo estar muito fora de forma para poder jogar bola com meus filhos.

Não desejo encontrar pessoas apenas nos bares.

Não desejo discutir com minha esposa a cada vez que falamos sobre dinheiro.

Talvez você precise de alguns exemplos antes de começar a fazer a sua própria lista. É surpreendente como às vezes, quando de fato começamos a escrever sobre as coisas que nos aborrecem, o que pensamos delas de repente não parece tão importante. Mas é.

Pense no que fez ontem. Pense sobre o dia inteiro, do início ao fim, ou pense sobre o dia de hoje enquanto o está vivendo. Sempre há algo bom a fazer, e lembre-se de que você está, na verdade, vivo – não se limita a estar sentado, não está desidratado e sua vida não precisa ser colocada no microondas. Lembra daquela anedota: "Esta não pode ser a minha verdadeira vida, pois, se fosse, haveria um manual de instrução"? Bem, você está criando esse manual de instrução, enquanto caminhamos adiante.

Então pense sobre o seu dia de ontem, ou mesmo sobre hoje. Escreva sobre os eventos que aconteceram e não o agradaram. Pode ser algo que você fez, ou algum lugar onde foi, ou apenas algo que sentiu. Talvez você não tenha telefonado ao amigo a quem disse que telefonaria. Talvez você tenha se enfurecido com a vizinha, pois ela deixou os gatos usarem o seu jardim como vaso sanitário. Talvez tenha se aborrecido no trabalho. Talvez não tenha passado alguns momentos com seus filhos, pois estava cansado. Talvez tenha comido ou bebido demais. Talvez não tenha escrito sobre o que não gosta.

Que fatos o perturbaram por muito tempo? São eventos que você pode mudar? Você pode seguir adiante e falar com a vizinha? Pode comer e beber menos? Pode aproveitar a hora do almoço para sair do escritório e fazer algo divertido e diferente? Pode ser apenas por um dia. Quando falo em mudança, quero dizer mudança – não quero dizer alterar, apagar ou destruir. Apenas faça uma pequena reviravolta, abra a janela, acione a manivela e desça o desfiladeiro. Veja o que acontece.

*Se você não faz algo com a vida, a vida fará algo com você.*

O que quero dizer é que desejo que você descubra as formas pelas quais pode assumir o controle da própria vida. Desejo que você comece a ver e a sentir que pode controlar a vida. Você pode começar com pequenas coisas e observar como elas se desenvolvem, pois você caminha em uma direção: a um lugar onde pode controlar seu próprio destino. Você pode mudar os lugares, espaços e faces que se encontram em sua vida. E se eles atravancam o seu caminho e o impedem de viver a vida plena, você precisa mudá-los e removê-los.

Agora vamos fazer algo que pode ser até mesmo mais importante. Se há aspectos em sua vida que você não pode mudar, escreva por que não pode. As razões podem ser exteriores, ou encontrarem-se em seu interior. Talvez você não possa exprimir exatamente por que não pode mudar algo; apenas pensa, sabe ou teme não poder. Vejamos bem. De fato, nada que você faça por este livro, isto é, na verdade, por você mesmo, é desperdiçado.

Tive essa experiência, e sei que pode ser um pouco deprimente pensar em todas as coisas de que você não gosta em sua vida, mesmo se a culpa não é sua. Mais importante, falar o que você não deseja em sua vida não o leva adiante no caminho rumo ao que você deseja. Bem, enquanto você escreve as coisas de que não gosta em seu dia, pode pensar em algumas coisas de que realmente gosta. Isto é muito bom. Escreva essas coisas, coloque uma caixa ao redor e acrescente uma ou duas pequenas estrelas. Enquanto escreve as coisas que não deseja, aquelas que deseja vão se tornando mais claras para você. Busque reverter a lista prévia para verificar se a essência de seus desejos está se tornando agora mais óbvia para você. Sua lista poderia ser semelhante a esta:

Desejo ter boa aparência.
Desejo trabalhar em um emprego que me satisfaça.
Desejo ter tempo para ver amigos e aprender coisas novas.
Desejo ter segurança financeira para providenciar o que minha família e eu precisamos e gostamos.
Desejo fazer mais exercícios.
Desejo comprar um barco.
Desejo ser capaz de falar à minha esposa o que penso.

Agora escolha um desses desejos – pode não ser o mais importante deles – para começar. Pergunte a si mesmo se tem vontade de mudar a sua vida, de forma que esses desejos se tornem realidade. Quando você responder sim sobre um desejo, assinale-o. Voltaremos a esse tema.

Quanto mais você pensa sobre sua vida, sobre o que o deixa contente, satisfeito ou gratificado, mais pensará sobre o maior objetivo e significação de sua vida. Passei muito tempo pensando sobre esses temas e auxiliando outras pessoas a pensarem sobre eles. Concluí que desejo viver conforme meu objetivo ofertado por Deus; desejo realizar meu objetivo, meu motivo de estar na Terra.

Digo a Jack: ele poderia desfrutar melhor de sua refeição se viesse a sentar-se mais próximo da janela, onde brilha a luz do sol. Chega o seu desjejum. Os ovos estão crus e as torradas queimadas, mas Jack não reage ao percebê-lo. Chamo Frances e mostro as torradas e os ovos de Jack. "Frances", digo, "é isto que você pode servir a seus meninos?"

– Olha – ela responde –, é assim que ele sempre comeu seus ovos e torradas. Achamos que era dessa forma que ele gostava. – Jack olha com embaraço para mim, enquanto Frances vai para a cozinha.

Espero que Jack perceba: pode se recusar a aceitar tudo o que lhe é servido, sem que isto implique em transformar-se em alguém que só sabe se queixar. Temos opções, e as dádivas de Deus nos tornam conscientes de nossas opções e do mundo circundante, antes de fazermos as escolhas que nos levarão ao lugar onde queremos estar. Não há motivo para Jack ser uma vítima – manter-se sentado em um lugar desagradável e comer alimentos dos quais não gosta –, mas, antes de fazer uma declaração e deixar de ser o mesmo, jamais saberá seu objetivo. Em dado momento, todos os dias, veja bem os lugares, espaços e faces de sua vida e pergunte-se: eles são mesmo aqueles que desejo? Amanhã faça algumas novas escolhas, mesmo que seja apenas em assuntos triviais. Pense em algo que você pode fazer de maneira diferente agora mesmo, ou ao menos amanhã – alguma coisa simples que mude a sua rotina. Você ficará surpreso ao perceber como mesmo uma pequena mudança pode fazer nascer uma nova idéia em você. Em breve você ganhará a confiança necessária para tomar grandes decisões em áreas mais importantes de sua vida.

Seu destino é algo a ser escolhido no presente, não o acaso de seu passado.

As desculpas definitivamente não irão dar-lhe o que você deseja. Tente mudar algo em sua vida hoje.

## Rumo à ação

## O DIÁRIO DE SUA VIDA PLENA

Esta seção, ao fim de cada capítulo, vai lhe dar algumas sugestões específicas para você descobrir onde deseja levar a sua vida e planejar como chegar até lá. Começaremos fazendo estoques. Pense sobre si mesmo – sobre as características que você não pode mudar e sobre as características que você não mudaria de forma alguma, mesmo se pudesse. O que pode ser mudado, e como? Comece pensando na pessoa que você deseja ser.

| | Hoje | Finalmente |
|---|---|---|
| Renda | __________ | __________ |
| Profissão | __________ | __________ |
| Amizades | __________ | __________ |
| Relacionamentos íntimos | __________ | __________ |
| Aparência | __________ | __________ |
| Saúde | __________ | __________ |
| Exercício | __________ | __________ |
| Tempo de lazer | __________ | __________ |
| Educação | __________ | __________ |
| Habilidades | __________ | __________ |

Os diversos aspectos de nossa vida apresentam diferentes formas de desenvolvimento e mudança. Você já pode saber que aspecto de sua vida deseja trabalhar, mas se não sabe, ou não pode se decidir, eis algumas idéias para começar. Listei algumas características que freqüentemente são mencionadas. Como dissemos neste primeiro capítulo, pode ser mais fácil para você começar pensando no que não deseja, mas, como aprendemos, há mais eficácia quando você pensa nessas coisas em termos positivos. Oferecerei alguns dos "não-desejos" e deixarei você preencher os "desejos".

Enquanto você pensa em traduzir seus "não-desejos" em "desejos", lembre-se de visar um oposto que é correto para você e possível para a sua situação. O oposto de "gordo" não é "magérrimo"; é o peso certo para seu tipo de corpo. O oposto de "irado" nem sempre é "pacífico"; para você pode significar ação – utilizar essa ira para mudar a sua vida de forma positiva.

Pense nesse passo como planejamento do cardápio para a sua vida. Você não fará tudo de uma só vez, assim como não pode comer salada, massa, bife e sorvete no mesmo prato. Mas esse passo o auxiliará a decidir do que se compõe uma vida mais satisfatória para você.

## Fisicamente

Não desejo ser...

Gordo | Enfermo | Cansado | Sem atrativos

Desejo ser...

Esbelto | Saudável

## Pessoalmente

Não desejo ser...

Solitário | Entediado | Irado | Preocupado

Desejo ser...

Bem relacionado | Comprometido

## Socialmente

Não desejo ser...

Isolado | Dominado pelos outros | Perdido na multidão

Desejo ser...

Amigável | Planejador de meu tempo

## Profissionalmente

Não desejo ser...

Esmagado no trabalho | Um criado | Preocupado com dinheiro

Desejo ser...

Trabalhador livre | Parte de uma grande equipe

## Espiritualmente

Não desejo ser...

Alguém que sente precisar fazer tudo | Alguém que vive em um mundo frio e egoísta

Desejo ser...

Alguém que sente que há um propósito de vida com as minhas próprias forças | Alguém que se sente parte de um universo maior

# 2
# O que o deixa faminto?

Nós sempre sabemos quando temos fome, mas nem sempre sabemos do que temos fome. O mesmo é verdadeiro em nossa vida – sabemos que desejamos fazer mais, ver mais, ser mais –, mas nem sempre estamos certos de como satisfazer a nossa fome.

Segundo o dicionário, apetite é "um desejo físico instintivo". A fome é tão fundamental que faz parte de nossa constituição física. É o cume da montanha que você deseja atingir, a porta que você deseja abrir, o fogo que deseja acender. A verdadeira fome é a falta, a necessidade, de alguma substância nutritiva, de algum elemento essencial que nos permite crescer e nos desenvolvermos. Satisfazer essa fome vem a ser satisfazer nosso espírito, permitir-lhe desenvolver-se. Essa fome vem de uma idéia divina.

Há uma diferença entre uma boa idéia e uma idéia divina. Boas idéias são coisas boas, geralmente. Elas tornam a sua vida um pouco melhor, um pouco mais fácil ou um pouco mais feliz, talvez todas estas três coisas. Boas idéias florescem no que acontece em sua vida cotidiana, e você precisa de todas as idéias que pode criar, solicitar ou emprestar. Lidar com as idéias desde que nos levantamos da cama, de manhã, até quando seguimos todo o extenso caminho de volta à cama, à noite, pode ser uma viagem exaustiva.

Nossas vidas são tão ocupadas que se torna fácil esquecer os nossos sonhos. Mas nunca perdemos nosso apetite; assim, mesmo quando não descobrimos essa idéia divina, buscamos satisfazer essa fome com algo mais. Por exemplo, trabalhando muito. Ou jogando muito. Ou dependendo demais de alguém para sermos felizes. Ou assistindo muito a televisão. Preenchemo-nos diariamente com o equivalente espiritual da comida de lanchonete – o temperamento de alguém mal-humorado no trabalho, um desapontamento com algo que parecia ser uma oportunidade, ser ignorado por alguém que amamos.

---

*Homem algum nasceu no mundo sem*
*que a sua obra tivesse nascido com ele.*

– James Russell Lowell

---

Preenchemo-nos até não conseguirmos digerir mais nada, mas na verdade não nos satisfazemos. Você conhece o sentimento que temos depois de comer muito fora de casa – muito pão, fritura, batata frita, refrigerante, doce e sorvete. Ufa. Depois se encontra apenas hibernando no sofá, certo? Não pode mover um músculo. É o que se sente quando se vive sem uma idéia divina. Não é possível mover-se.

## Não deixe outras pessoas escolherem por você

Agora vou a meu bar-restaurante para almoçar – uma amiga convidou-me. Almoçar no restaurante provoca um sentimento diverso daquele provocado pelo desjejum – as pessoas encontram-se distraídas devido a seus trabalhos ou responsabilidades e freqüentemente se limitam a um aperto de mão antes de retornarem às tarefas. Minha amiga não é exceção.

– Este cardápio – ela fala. – Como posso escolher? O que você vai comer, Tim?

– Estou vendo o cardápio. Vá em frente.

– É preciso comer mil vezes aqui – fala Selene à garçonete.

– Vou comer este – fala, apontando o cardápio.

– Vai comer Judy Garland, querida?

Selene rola os olhos e o movimento da cabeça fala sim. Ei, isto é Los Angeles.

– Você gosta das saladas daqui? – pergunto.

– Ah, são boas, acho. – Selene encolhe os ombros. – Mas o que eu acho, na verdade, é que se eles pudessem organizar o cardápio um pouco melhor... Eles listam cada salada separadamente. Bem que eles poderiam listar os pratos principais de um lado e os pratos que você pode acrescentar aos principais do outro e deixar a gente escolher. Na verdade não estou com tanta fome. Ontem mesmo minha irmã me falou que eu preciso perder alguns quilos. Você acha que estou gorda, Tim?

– Acho que você está maravilhosa. Se você não está com fome, então por que vai comer?

– Bem, queria falar com você, e o almoço é a única hora em que posso sair do trabalho. Meu chefe está sempre me falando que meu desempenho seria melhor se trabalhasse mais. Mas afinal, ele acha que a gente pode comer. Ele acha que estou muito magra. Você acha que estou muito magra? Mark disse que eu preciso comer mais proteínas e parar de me preocupar com o trabalho.

– Então vamos – digo eu. – Você está me falando que não tem fome de comida, você tem fome de conversa.

---

*Não há tempero no mundo melhor que a fome.*

– Miguel de Cervantes

---

Muitas vezes apenas passamos pela vida. Passamos a ter um trabalho, um namorado ou uma namorada, um passatempo. Isso nos preenche, mas afinal não nos satisfaz. E chegamos mesmo a sentir culpa por não conseguir nos satisfazer, pois tudo a nosso redor afirma-nos o que é importante. É importante ter um carro brilhante ou uma grande casa. É importante ter muitos amigos; é importante estar ocupado; é importante ter objetos e decorar a casa. Mas, de fato, não nos importamos realmente com muitas dessas coisas – não desejamos realmente gastar dinheiro, fazer exercícios, encontrar pessoas ou aprender novas habilidades. Somos levados pelo vento, sentindo-nos culpados por não colocarmos em primeiro lugar algo que jamais desejamos realmente.

Diferente de Jack, Selene é o tipo de pessoa que pensa sobre o que está fazendo – mas normalmente deixa as necessidades e desejos de outras pessoas tomarem as decisões por ela. Você precisa perceber que pode satisfazer à sua fome – à sua fome verdadeira, não à fome ditada por outras pessoas, ou pela sociedade. Ninguém além de você pode compreender e realizar o objetivo de sua vida, seja quem for.

---

*A motivação é um fogo interior. Se outros buscam acender esse fogo em você, provavelmente a chama irá se apagar muito brevemente.*

– Stephen Covey

---

A vida de Selene não a satisfaz. Ela não é exatamente infeliz, mas na verdade sua vida não lhe dá a sensação de elevar-se. Ela pensava em ir a um médico e tomar antidepressivos. Pergunto-lhe se seu trabalho é aquele que ela desejava.

– Mais ou menos. – ela responde – É um trabalho, você sabe. Gosto de desenhar, e com os computadores desenhar é fácil, e meu chefe fala que com o tempo as portas se abrirão para mim. Mas esperar por isso não é nada divertido.

– E o resto de sua vida? É o que você deseja?

– Quase. Isto é, Mark é bom, é bom de verdade. Seria muito bom se nos casássemos, mas ele fala que não há razão para nos apressar. E não tenho muita coisa pra fazer depois do trabalho. Mark trabalha muito, até tarde, mas gosta de me ver em casa quando chega. Então, tenho muito tempo livre.

– Parece que este é o seu problema.

– Esta é uma de suas parábolas? O que você quer dizer?

– Você não está satisfazendo a sua fome. Acho que talvez tenha de lhe falar de quando eu era adolescente.

– Tim, eu tenho trinta e dois anos...

– Sério?

– Timmm...

– Certo, certo, mas tudo que sei é o que vivi e aprendi. Eu era um menino muito magro, mas era um bom atleta. Imagine: grande cabeleira afro, grande jogador. Dos dez aos catorze anos, eu era o melhor. Havia dois outros meninos que competiam comigo, e nós éramos os melhores. Mas então, quando chegamos aos catorze anos, eles começaram a me superar. De repente eu não era mais um dos três melhores atletas da escola. Isto realmente me deixou confuso. Perdi a característica que me definia. Mas o que descobri é que estava deixando outras pessoas me definirem. Eu utilizava as habilidades que tinha, fazia as coisas de que gostava, mas só gostava delas se eu fosse o melhor. Se eu não chegasse em primeiro lugar, sentia que não era ninguém.

---

*Todo o segredo de uma vida de sucesso está em descobrir o que estamos destinados a fazer, e então fazê-lo.*

– Henry Ford

---

– Levei anos para livrar-me desses sentimentos de que, se eu não fosse o primeiro, não era absolutamente ninguém. E levei muito tempo para parar de buscar satisfação fora de mim, pelos padrões de julgamento, pelas metas que desejava alcançar. Finalmente, aprendi que as coisas que precisava saber, as verdadeiras metas que precisava alcançar, encontravam-se dentro de mim.

Então deixo Selene falar – ela compreendeu o que espero que você compreenda: todos vêm à vida com uma promessa. Você pode pensar nela como uma promessa de Deus, como eu, ou pode pensar nela como uma promessa envolta em seu interior – como uma promessa que você fez. O dicionário define promessa como "uma afirmação do que você fará ou não fará" ou "um fundamento para a expectativa". Ambas as definições são verdadeiras, em relação a nós. A promessa que fazemos é nosso fundamento para a expectativa de nossas vidas serem formidáveis – e precisamos fazer uma afirmação de que faremos a promessa acontecer.

Selene não descobriu – não dedicou tempo a descobri-lo – qual é a sua promessa, qual é o seu objetivo. Ela pode fazer cursos, encontrar pessoas que fazem o que ela gostaria de fazer, ou mesmo limitar-se a ler sobre algo que a excita. Mas a primeira coisa que precisa fazer é descobrir, por si mesma, o que deseja. Você precisa ser absolutamente claro sobre o que deseja. Somente Selene pode descobrir que nutriente essencial lhe falta, de forma que possa satisfazer à sua fome e vir a ser o que ela anseia ser. Pois de outra forma ela apenas voltará ao mesmo lugar.

## Os três "p": propósito, paixões e prioridades

Há algumas coisas que você precisa saber sobre si mesmo, e elas não são necessariamente óbvias. Naturalmente, precisa fazer o inventário das coisas óbvias que você não pode mudar, como a sua altura e a sua idade, mas não são elas que vão ser o mapa de sua viagem. Você precisa conhecer os três "p": seu propósito, suas paixões e suas prioridades.

Primeiro, há o seu propósito, o seu objetivo, a sua grande meta. Seu propósito é a razão de você fazer tudo o que faz. É a idéia fundamental que move a sua alma. É de importância decisiva, e pode levar algum tempo até você descobri-lo. Ele tem a ver com deixar alguma espécie de sinal. Há uma bela história sobre um grupo de freiras católicas que viajava de ônibus pelos Estados Unidos. Seus paroquianos tinham reunido o dinheiro suficiente para enviar todo o convento a uma longa excursão ao Grande Sudoeste. As freiras saíram de Wisconsin rumo ao Texas e ao Arizona. Chegaram ao Painted Desert e ao Grand Canyon, impressionadas com o Hoover Dam. A cada parada, uma delas, a Irmã Clara, saía do ônibus, caminhava um pouco, apanhava uma pedra e a movia. Às vezes era uma pedra muito grande. O resto do grupo tolerava essa peculiaridade, mas naturalmente estava curioso.

No meio da viagem alcançaram Death Valley, e certamente, quando o ônibus parou, Irmã Clara desceu e começou a olhar ao redor. Desta vez ela apanhou uma pedra imensa, um verdadeiro rochedo, e quando finalmente a levantou do solo foi tomada pela poeira da cabeça aos pés. As freiras correram para ver se ela estava bem. Estava, e todas voltaram ao ônibus.

No ônibus, uma das freiras voltou-se para a Irmã Clara e disse que todas estavam preocupadas com sua segurança. E finalmente fez a pergunta que todas esperavam: "Por que você sempre move uma pedra quando paramos?" Compreendendo a preocupação delas, Irmã Clara respondeu: "Viro uma pedra para que o lugar fique diferente, pois eu estive ali".

---

*Aqui, nossa tarefa é tornar-nos mais nós mesmos, não menos.*
– Thomas Merton

---

Seu propósito é o que você deseja fazer, de forma que esse lugar venha a ser diferente, pois você esteve nele. O propósito pode ser tão grande quanto criar uma companhia ou correr a maratona nos Jogos Olímpicos. Pode ser tão pequeno quanto educar crianças que vêm a conhecer e se importar com seu mundo e com o que podem fazer por ele. Não, isto não é pequeno. Pode ser reunir a maior e melhor coleção de taças de beisebol dos times infantis, de sete a onze anos. Tenho trezentas delas, para auxiliá-lo a começar. Você achará isto divertido; "Tim", diria você, "que importância tem colecionar taças de beisebol?" Entretanto, sei que, quando se acumula uma coleção que ultrapassa todas as demais coleções, você tem um sentimento de realização que desejará experimentar novamente. E desejará fazer algo melhor ainda.

Pare e pense no que desejaria realizar que pudesse provocar alguma diferença neste mundo. O propósito é a sua razão de viver, a força interior que lhe dá o desejo de agir. A vida sem um propósito é apenas um experimento, um ensaio de uma peça jamais encenada.

Algumas pessoas têm sorte; parecem conhecer seu propósito desde o momento em que nasceram. Barbra Streisand sabia que queria cantar; Michael Jordan sabia que queria usar seus dons atléticos. Sabiam que deixariam as suas marcas no mundo. Mas há uma diferença entre um dom que guia e uma necessidade que dirige. Um propósito não é uma obsessão ou um vício.

## Uma vida valiosa é uma vida com valores

Os valores são cruciais para seu propósito de vida. O valor ético relaciona-se com o valor econômico e, se você não tiver valores, sua vida não será muito rica. Perdemos muito tempo preocupados com o custo de algo, sem levar em conta seu valor. Nada na vida separa-se de nada, não importa quão conveniente possa ser pensar que há separação.

Suponha que alguém decide dar muito dinheiro à caridade – uma causa de valor –, mas faz fortuna vendendo drogas. O valor do dinheiro que dá à caridade é comprometido devido às vidas que destruiu com as drogas. Suponha que alguém trabalhe dezesseis horas por dia em duas organizações diferentes que alimentam e vestem os sem-teto, mas gasta todo o dinheiro que ganha bebendo.

O valor de seu bom trabalho é anulado pela destruição de sua própria vida. Algumas pessoas lutarão pelo poder às custas daqueles que se encontram em seu caminho. Suspeito que tais pessoas não irão ler este livro – mas talvez o leiam, se perceberem que vencer às custas dos outros é uma "dieta" que leva à enfermidade.

---

*É importante agir para manter viva em seu coração esta pequena chama do fogo celestial chamada consciência.*
– George Washington

---

Mas muitos podem levar algum tempo para pensar sobre qual é o propósito. Somos tão sujeitos às pessoas que nos falam o que fazer que podemos demorar para conhecer o propósito de nosso próprio coração. Estou certo de que você pode escrever todas as coisas que as candidatas a Miss América costumavam falar a Bert Parks: "Quero ajudar as pessoas desfavorecidas", "Quero tornar o mundo um lugar melhor para viver", "Quero curar os doentes", e assim por diante. Todos esses propósitos são valiosos, e estou certo de que cada uma das candidatas a Miss América irá realizar as suas intenções, quando tiver tempo.

Mas seu propósito de vida pode não ser tão grandioso, e espero que não seja tão genérico. Você pode desejar elevar o espírito das pessoas e fazer isso tocando violão. Você pode desejar tornar a vida de sua família segura e confortável, o que significa ganhar dinheiro o suficiente. Você pode desejar distinguir-se dos outros colecionando taças – mas espero que você venha a doá-las a uma boa causa.

---

*Não se julgue tão grande que não possa fazer algo pequeno.*
– Max Lucado

---

Você também pode manter-se ativo para aprimorar o seu propósito. Como deseja curar as enfermidades? Como deseja tornar o mundo um lugar melhor para viver? Se seu propósito é fazer nossa sociedade funcionar melhor, você pode fazê-lo não em uma repartição pública, mas em uma escola, treinando o time da Pequena Liga infantil ou trabalhando na Associação de Pais e Mestres. Se o propósito é curar os enfermos, você pode não desenvolver uma nova vacina revolucionária, mas trabalhar para tornar a vida das pessoas enfermas mais fácil ou o mundo de uma criança solitária mais alegre.

## A fonte da energia: as suas paixões

Quando você já sabe qual é o seu objetivo, o seu propósito, pode descobrir-se pensando em seu próximo passo: as suas paixões. As paixões são os combustíveis, os alimentos da energia – são um dos elementos que nos leva a seguir adiante, nos impulsiona, dando o vigor necessário para agir, mesmo quando é difícil, quando nos encontramos desencorajados ou deprimidos.

– Ah, Tim, vamos – fala Selene. – Eu sei disso. E eu gosto de meu trabalho. Eu não estou me queixando de ter de ir trabalhar. E realmente me divirto com Mark.

– Mas?

– Bem, certo. O que você acha que devo fazer?

– Não estamos falando de mim. Estamos falando de você.

– Não, eu perguntei primeiro. De qualquer forma, estou exausta. Passei a noite toda trabalhando, refazendo o desenho do pôster de um filme, a pedido de meu chefe.

– Ficou bom?

– É um assassino, mas nunca diria isto. E dirá a todos que o fez.

Selene fala-me meia hora sobre seu pôster, e digo-lhe que, se ela está exausta, de qualquer forma há mais vida em seus olhos que em qualquer outra pessoa presente. Posso descobrir sua paixão a partir do que sai de sua boca. A paixão é algo que nos entusiasma. Outro dia, estava falando com um homem cuja paixão era as plantas. Ele não conseguia parar de falar – falou-me sobre as plantas do inverno e do verão, sobre quanto tempo as plantas do inverno podem viver, quando você pode plantar no verão, quando as plantas florescem, quanta água e fertilizantes é preciso colocar e... você pode adivinhar o que mais.

Certa vez, fui ouvir Stevie Wonder cantar; ele disse:

- Agora você entrou em meu mundo.

Por duas horas, fui envolvido na paixão deste homem. Stevie Wonder colocou a sua paixão e o seu propósito juntos – e você também pode fazê-lo. E é nesta direção que iremos agora. Quero encaminhar-me a um estágio de sua vida no qual você desfruta de tal forma o que faz que passa a contagiar os outros.

Lembre-se da última vez em que se sentiu tão profundamente envolvido em uma conversa que não conseguia parar de falar. Talvez o tema tenha sido a situação do país, esporte ou temperatura. Sei que de vez em quando passarei um minuto a olhar algo, ou a escrever sobre o que vejo, com a sensação de que não posso deixar de fazê-lo. Mesmo se tiver um encontro marcado, se alguém estiver esperando por mim, posso ser envolvido de tal forma, ter a sensação de ser tão elevado pelo que estou fazendo, que não conseguirei deixar de fazê-lo. Por que não passar toda a sua vida desfrutando de um sentimento semelhante?

Eu era o palhaço da classe antes de o senhor Probert me ensinar a ter respeito por mim mesmo, mas seria tolice ignorar o fato de que eu amava comédias e amava representar. Costumava assistir aos programas de Bill Cosby e memorizá-los, e no dia seguinte representar toda a comédia para meus colegas de classe – até que o professor puxasse a minha orelha e me fizesse sentar, isolado do grupo. Também amava ajudar as pessoas. Se havia na escola um menino de quem todos zombavam, eu tomava o seu partido. Se ele não tivesse dinheiro para comer, eu lhe emprestava o dinheiro.

Busco unir os aspectos que formam a minha verdadeira pessoa, o que me permite ser um pastor e um orador motivacional.

O comediante Bob Newhart é um perfeito exemplo de alguém cuja paixão, finalmente, levou-o a deixar o trabalho que a sociedade lhe dizia ser seu dever e criar a atividade exigida pela sua paixão. Embora amasse ver comediantes quando era menino, sentiu-se obrigado a ir à escola e aprender algo confiável e seguro. Assim, foi à universidade e graduou-se em contabilidade. Mas nunca se sentiu bem como contador. Se o dinheiro lhe vinha com facilidade, ele seria capaz de pagar para fazer algo satisfatório.

Quando estava aborrecido, telefonava a um amigo e contava histórias divertidas e bem elaboradas. Efetivamente, as histórias eram tão divertidas que um colega propôs emprestar-lhe o dinheiro para fazer uma gravação profissional de algumas delas. Quando começamos a fazer nossos pensamentos tornarem-se reais, descobrimos que os eventos acontecem e as pessoas chegam às nossas vidas para acelerar o processo. Isto também faz parte da lei da atração. Bob Newhart gravou as histórias e as enviou a trezentas estações de rádio. Três delas responderam, e em breve as suas histórias estavam na rádio. Ele deixou o emprego de contador e concentrou todo o tempo a inventar histórias cômicas e gravá-las para a rádio.

Entretanto, não teve sucesso imediato. Em um ano, ganhou apenas mil e cem dólares. Morou com seus pais durante anos. Então, finalmente uma gravadora ofereceu-lhe um contrato para gravar um disco. O único problema era que desejavam gravá-lo ao vivo, diante de um auditório. Ele nunca tinha ido a uma boate ou a um auditório! O rádio era a única mídia que já utilizara. Mas fez um esforço e, durante duas semanas, fez apresentações no salão de um motel, e assim a gravadora pôde produzir o disco. No ano seguinte, ele ganhou três prêmios Grammy.

Alguns de nós podemos ser assim, possuídos por uma paixão tão potente que já sabemos o que temos de fazer. Alguns podem falar: "Não preciso continuar fazendo esse exercício. Posso satisfazer a minha fome; sei o que tornaria a minha vida melhor. Só desejo saber como chegar lá, como começar esta nova vida". Nos próximos capítulos, irei auxiliá-lo a caminhar neste sentido.

---

*Primeiro descubra algo de que gosta tanto que ficaria feliz em fazê-lo de graça; a seguir, aprenda a fazê-lo tão bem que as pessoas ficariam felizes em pagá-lo para fazê-lo.*

*– Walt Disney*

---

Mas suspeito que alguns não têm tanta certeza. Você pode simplesmente ter se forçado a ignorar a sua paixão tantas vezes que não sabe quais são os objetos dessa paixão. É possível assumir as paixões dos outros – suas metas, idéias e valores – tão completamente que já não se sabe o que se deseja. É possível ser alguém que olha o cardápio, sem poder decidir-se, – nunca comeu tal coisa, não desta forma, isto engorda, isto é muito caro, isto é muito pesado – e parte, sem chegar a sentar-se à mesa. Tal dieta pode parecer correta, mas provavelmente quem a segue está morrendo de fome, sem sequer saber o que está perdendo.

Conheço alguém que jogava muito basquete quando era adolescente. Um dia chegou com sua bola, na hora habitual, fez alguns arremessos, deteve-se e disse: "Vou para casa". Quando lhe perguntei por que estava indo embora sem ter sequer se aquecido, ele disse: "Apenas percebi que jogava porque sempre joguei. Mas na verdade agora não gosto mais de jogar basquete". Perguntei-lhe o que iria fazer – ele disse: "Não sei. Vou ter de pensar nisso". Às vezes você precisa olhar-se bem e perguntar-se: É isto o que eu quero realmente? De fato, se você precisa fazer esta pergunta, provavelmente anda buscando algo mais.

## Prioridades: Qual é a sua primeira escolha?

As suas prioridades são algo mais além das coisas de que precisa para seguir adiante. Priorizar significa decidir como você vive a sua vida – é como descobrir seu estilo, sua forma, sua configuração. Você pode desejar encontrar-se no centro do palco, como protagonista, ou preferir trabalhar nos bastidores. Pode sentir-se mais animado trabalhando em grupo, ou pode achar que trabalha melhor sozinho. Se você gosta de trabalhar com outras pessoas, pode precisar ser o líder, ou precisar ser o liderado que realiza os detalhes.

Você pode precisar de absoluta liberdade para criar ou, diversamente, pode precisar de uma estruturação ou de um plano claro a detalhar cada passo. Algumas pessoas gostam de trabalhar com as mãos, outras com o intelecto. Decida se deseja aprender novas habilidades ou fazer algo que já conhece. O dinheiro seria uma prioridade, mesmo se você já tem o suficiente para viver bem? Você gostaria de trabalhar para a sua comunidade? Gostaria de ajudar pessoas que estão doentes ou privadas de algo?

Sua situação mais confortável pode ser uma combinação de diversos aspectos. Provavelmente, entretanto, dado estilo assenta-se melhor em você, e habitualmente ele liga-se às suas habilidades e a seus talentos únicos. Como disse, amava representar para as outras pessoas, e em breve descobri que amava falar em público. Depois de graduar-me no seminário, fui para um mosteiro e assim me devotei a Deus. Mas, na verdade, ali não me senti muito feliz. Não posso imaginar-me representando comédias com gestos, sem quebrar o voto de silêncio.

As suas prioridades irão retocar o retrato. Como você deseja viver? Que aparência física deseja ter? Deseja ter muitos amigos? Ou apenas alguns poucos? Há muitos anos, descobri-me realizando esse trabalho interior. Estava viajando através do mundo, falando a grupos e, deixe-me contar-lhe, era emocionante. Mas também era árduo. Eu viajava vinte e dois, vinte e três, vinte e quatro dias por mês. Um dia percebi que estava olhando para o teto de um quarto de hotel a pensar: A vida deve ser mais que isso. Quero ir aos jogos de meus filhos, na Pequena Liga, quero encontrar meus amigos, quero estar em casa. As minhas prioridades estavam erradas. E tive de parar e pensar em como equilibrar minhas paixões, meu propósito, com minhas prioridades. Trabalhando menos, eu poderia reduzir a programação de viagens e passar mais tempo em casa. Mas, na verdade, eu gostava de viajar bastante, pois estava realizando o caminho que buscava.

As suas prioridades mudam com o tempo. Você precisará verificá-las continuamente, e sempre perguntar-se se elas são o que deseja. Você também descobrirá que, ao começar a realizar as suas metas, essa própria realização transforma as suas prioridades. Se você vem a ser um violonista de sucesso, pode não se importar em parecer belo em uma praia. Se reformar seu próprio quarto, pode descobrir que os projetos do tipo "faça você mesmo" subiram alguns degraus em sua lista de prioridades. Efetivamente, tudo na vida evolui. Mesmo seu propósito pode mudar com o tempo. Andrew Carnegie passou metade da vida fazendo dinheiro e a outra metade distribuindo-o. Nasceu pobre, mas, ao tornar-se rico, desejou retribuir.

Contarei um pequeno segredo. Sabe por que eu viajava muito? Buscava ser outra pessoa. Lera que outro orador motivacional estava sempre viajando. Pensei: Bem, acho que é o que tenho de fazer. Não estou realmente fazendo o meu trabalho, a menos que viaje o tempo todo. Ali estava eu novamente, vivendo a minha vida segundo as regras de outrem.

Aprendi minha lição, e espero que você também aprenda a sua. O seu objetivo pode ser o mesmo de outrem, mas você precisa realizá-lo de sua própria forma, com as suas habilidades, o seu propósito e as suas prioridades. Você nasceu original, então, por que terminaria sendo apenas uma cópia?

## Faça de seus "p" uma prioridade

Vejamos as listas que fizemos ao final do primeiro capítulo – as coisas que você não deseja e as que você deseja. Divida-as em propósito, paixões e prioridades. Talvez você pense em outras coisas. Ao acostumar-se a ver a sua vida dessa forma, descobrirá os aspectos da vida que a tornam especialmente "sua vida". É o que estamos fazendo com os "p" – descobrir que ações, sentimentos e estilos são unicamente e especialmente seus. Quando Selene estiver realmente satisfazendo à fome advinda de seu propósito, rumo a uma vocação satisfatória, suspeito que suas lamentações irão encobrir-se.

Não deixe outras pessoas decidirem como você irá viver a vida.

Pense no que é importante para você – como deseja fazer a diferença neste mundo, que atividades o motivam e que situações o deixam mais à vontade e mais produtivo.

## O DIÁRIO DE SUA VIDA PLENA

Como anteriormente, apenas algumas dessas questões lhes serão apropriadas, e há centenas de variações dessas questões que estarão de acordo com suas necessidades e potenciais. Você pode ter respostas muito diversas a cada época de sua vida. Não receie considerar como qualidades o que outros podem achar desfavorável – quando você coloca-as a serviço de sua vida plena, elas sempre serão contribuições positivas.

### *Propósito*

Você pode ter investigado seu propósito quando pensou nos aspectos espirituais de sua vida, pois o propósito encontra-se à frente das coisas que fazem o seu espírito se desenvolver e dar sentido ao seu mundo. O propósito pode parecer evoluir mais do que os outros ingredientes fundamentais de uma vida plena, mas vem a ser mais uma questão de perspectiva do que de conteúdo. Enquanto você realiza os seus objetivos, pode achar que são simplesmente um meio para a realização do propósito. E o propósito relaciona-se com o que você acrescenta ao mundo a seu redor, com o que dá às outras pessoas, com a pedra que deseja mover para que as pessoas venham a saber: você passou por aqui.

Se você tivesse um milhão de reais para gastar com algo ou alguém, e não consigo mesmo, o que você faria?

________________________________________

Suponha que você venha a se realizar em sua paixão dominante. Como deixaria seus sinais? Por exemplo, se você aprendesse a tocar piano, gostaria de dar concertos, compor músicas ou gravar para o prazer de outros?

________________________________________

Se os seus amigos ou a sua família o descrevessem para alguém que não o conhece, o que gostaria que eles dissessem?

________________________________________

Que pessoas mais contribuíram para o nosso mundo, e como contribuíram?

_______________________________________________
_______________________________________________
_______________________________________________
_______________________________________________
_______________________________________________

*Paixões*

As suas paixões podem ser óbvias para você, mas você pode ter de deixá-las submersas, eclipsadas pelas atividades da vida cotidiana, ou dominadas pelas idéias de outras pessoas. Se elas não forem óbvias, você precisará surpreender-se em momentos de descuido, quando não estiver pensando nos deveres e responsabilidades que vieram a ser parte de sua vida. Ou você pode simplesmente ter de criar esses momentos, forçar-se a silenciar todas as outras vozes presentes em sua mente e ouvir a sua própria voz. Lembre-se de que qualquer coisa pode ser uma paixão a ser cultivada em sua vida plena, desde criar animais de estimação até auxiliar os enfermos.

O que você pensa ao despertar de manhã?

_______________________________________________
_______________________________________________
_______________________________________________
_______________________________________________
_______________________________________________

Quando termina seu dia de trabalho, o que você faz por prazer e satisfação?

_______________________________________________
_______________________________________________
_______________________________________________

Quando está conversando com amigos, que assunto mais o anima e entusiasma?

O que você faria se tivesse todo o tempo e dinheiro do mundo e soubesse que não poderia falhar no que viesse a fazer?

*Prioridades*

As suas prioridades vêm a ser a forma como você deseja levar a vida. Vejamos alguns dos aspectos da vida dos quais já falamos anteriormente.

**Físico**. Você tem necessidade de dormir muito ou pouco? Precisa ser muito cuidadoso com o que come (por outras razões além de engordar)? Você tem mais energia de manhã ou à noite? Prefere o tempo quente, frio ou temperado? Pode utilizar uma habilidade física determinada ou, inversamente, há alguma limitação física que você busca superar?

**Pessoal**. Você absorve melhor as novidades lendo, ouvindo ou vendo? Precisa concentrar-se em uma coisa de cada vez ou prefere a variedade e a mudança? Gosta de fazer logo as coisas difíceis, para então descansar, ou prefere seguir a vida de forma firme e consistente, todos os dias? Prefere a tranqüilidade ou a excitação?

**Social**. Você gosta de estar com muitas pessoas na maior parte do tempo, com alguns amigos íntimos, ou prefere estar sozinho? Gosta de decidir o que fazer em grupo ou prefere que outros participem da decisão? Experimenta novidades por influência de seus amigos ou faz novos amigos por experimentar novidades? Prefere fazer coisas para os outros ou simplesmente com os outros?

**Profissional**. Você é um líder, um solitário ou jogador de um time? Gosta de iniciar atividades e em seguida passar a novos projetos ou gosta de ver seus esforços edificarem-se e se desenvolverem? Quer acumular muito dinheiro, quer apenas o suficiente para sentir-se confortável, ou o dinheiro de forma alguma é uma saída?

______________________________________________

______________________________________________

______________________________________________

______________________________________________

______________________________________________

**Espiritual**. Você deseja sentir uma dimensão espiritual em tudo o que faz, ou essa dimensão é algo a suportá-lo como alicerce de sua vida? Está sempre buscando compreender mais sobre o propósito do universo, ou sente-se bem com o conhecimento que já tem? Prefere estar com pessoas que têm crenças iguais à suas, ou sente-se estimulado pela variedade de idéias?

______________________________________________

______________________________________________

______________________________________________

______________________________________________

______________________________________________

# 3

# Não deixe suas impossibilidades anularem as suas necessidades

Estou chegando ao restaurante para o desjejum e sou bloqueado por uma família que ocupa toda a entrada. O pai é obeso e cambaleia, de um lado para o outro, a cada passo. Notável, entretanto, é que sua esposa, e seus dois filhos, também balançam, de um lado para o outro, embora não sejam pesos pesados. Esse balanço me surpreende, mas finalmente me acenam de uma mesa. Caminho rumo a Jack, alegre por ver que ele está sentado em uma divisória próxima à janela, e o saúdo. "Que bom vê-lo de novo", fala Jack. "Gostaria de ficar e conversar, mas tenho de ir."

– É um encontro importante?

– Na verdade, é uma entrevista de emprego. Finalmente decidi que não preciso atender a telefonemas o dia inteiro, se realmente não quiser fazê-lo.

Enquanto me sento, de repente ouço um grito da pequena menina da grande família. "Nã-ã-ã-ã-ã-ã-ão!", exclama ela, "Não quero ovos! Quero macarrão com queijo! Macarrão com queijo!" Sua mãe aos poucos a acalma, repetindo que ela não pode ter um desjejum de macarrão e queijo.

Embora deseje massa no desjejum, tenho de admirá-la, honesta e sinceramente – mesmo se ela não aceita como resposta as palavras "não pode", se responde "não" ao não, se nega as impossibilidades. Às vezes, as crianças podem enfurecer-nos apenas por não adotarem os nossos hábitos e expectativas. Mas omelete de queijo com fritas é realmente muito diverso de uma macarronada com queijo?

## Não mate os seus sonhos de fome

Nós crescemos e freqüentemente deixamos todos esses "nãos" trancarem as nossas portas, mantendo-nos distantes do que desejamos. Nós crescemos e esses "nãos" se agigantam, pesam duzentos quilos, têm três metros de altura. Veja este: Não posso deixar meu emprego, a menos que já tenha conseguido outro. Este é grande. Há outro: Não posso terminar esse relacionamento desagradável: se terminá-lo, ficarei sozinho. E este: Não posso ter o que quero, pois não sou bom o bastante para consegui-lo – este é um "não posso" gigantesco. Esses "não posso" são como gigantes obesos estacionados em frente à porta bloqueando nossa vida plena. Você não pode atravessar o umbral, pois os gigantes o deixam aterrado. E se eles tentarem me deter? E se me fizerem parecer tolo? E se me ferirem?

Enquanto isso, os nossos desejos estão morrendo de fome, devido a esses "nãos" gigantescos. Sequer começamos a satisfazer à fome que se encontra em nosso interior. Quero um emprego melhor, mas não posso fazer o treinamento. E passa-se fome. Quero ser um sucesso, mas não posso tentar e fracassar. E passa-se fome. Os nossos desejos tornam-se frágeis, subnutridos. Finalmente, desaparecem. A menos que você permaneça sonhando os seus sonhos, eles não podem vir a ser verdadeiros.

Para viver uma vida plena, você precisa deixar as suas necessidades se desenvolverem até ultrapassarem as impossibilidades. Como veremos neste capítulo, às vezes uma impossibilidade não é de forma alguma o que pa=rece ser. Pode ser um não-dever, um não-ousar ou mesmo – sejamos honestos – um não-querer.

– Ela vai aprender – fala o homem à mesa próxima, apontando a menina. – Às vezes você só tem de aceitar o que a vida lhe dá. É um desjejum: você não pode comer macarrão com queijo.

– Você nunca teve um apetite tão forte por algo, que não conseguiu manter o controle?

---

*Você nunca estará satisfeito até alcançar o propósito para o qual foi criado.*

---

– Eu não – fala ele, apoiando o queixo. É um homem grande, de cabelos grisalhos, vestindo um belo terno. – Eu sei o que é bom para mim. Veja, eu vendo seguros de vida. Você acha que cresci querendo vender seguros de vida? Claro que não. Mas era a profissão de meu pai e ele teve uma carreira fantástica. Eu seria louco se fizesse o que queria. – Ele parece estar um pouco na defensiva ante a minha pergunta, e sua resposta me satisfaria, se ele não pensasse, de tempos em tempos, em mudar de vida.

Carlos – como ele disse chamar-se – reagiu como costumamos reagir à idéia de ver nossa vida a partir de um novo ponto de vista. É um grande desafio pensar como cada aspecto de nossa vida pode ser transformado. Para muitos, é demais pensar nisto agora mesmo. "Talvez amanhã", falam. E amanhã se transforma em jamais. As mudanças podem ser desconcertantes e vertiginosas, até mesmo aterradoras. Falamos: "Eu sou assim. Sou assim mesmo, e quem eu seria se não fosse eu mesmo?"

Sei o que podemos sentir. Quando criança, era o capitão do time de basquete. E, ao chegar no ensino médio, tinha minha grande cabeleira afro, era um grande jogador, tinha meu jeito todo especial. Só sabia que seria uma estrela nas quadras. Mas havia todos aqueles meninos das outras escolas. Depois das seletivas, o treinador leu os nomes dos jogadores convocados, e eu esperei pelo meu nome. E ele ia lendo os nomes e não falava o meu. Terminou de ler a lista sem falar meu nome. Eu não tinha conseguido. Fui para casa de mau humor.

Foi como se puxassem o meu tapete, derrubando a pessoa que eu era. Mudar é difícil. Aquilo abalara a minha identidade; perdi o aspecto que me definia. Mudar é difícil, mas eu tinha de mudar. Tinha de mudar. Precisava de uma nova identidade, quanto mais rápido melhor. Passei muito tempo buscando imaginar que grupo me encaixaria. Experimentei todos os talentos que tinha – utilizei minha energia, meu humor, pratiquei esportes, dancei. Não é que as pessoas não gostassem de mim, mas havia momentos em que me sentia como Sammy Davis Jr., ao ter de abrir o seu caminho no Clã de Sinatra.

Às vezes sequer achava que eu gostava mesmo de me divertir, ou de dançar. Sabia que não havia encontrado o meu lugar no mundo.

Sentir-se assim pode torná-lo infeliz. Receando sentir-se assim para sempre, as pessoas definem-se por um emprego, um papel na família ou outras situações que apenas as limitam. Agindo desta forma, colocamos um grande cadeado à porta de nossos sonhos. "Eu sou um pai", pode-se falar, "não um músico. Eu não poderia criar uma nova banda agora." Então não se pode abrir a porta para o mundo onírico – mas, na verdade, não se deseja arriscar-se a abri-la.

Aceitamos e mesmo agradecemos por aquilo a que fomos entregues, desperdiçando nosso tempo na Terra, enquanto uma grande dádiva em harmonia com o nosso objetivo encontra-se bem ali, esperando por nós. Carlos imaginara o que lhe cabia – o ramo de seguros – e nem imagina mudar de ramo. Mas, naturalmente, estou curioso.

– E o que é que você queria?

– Ah, nada. Não importa.

– Não, sério. Gostaria de saber.

– Bem, eu... Não, é ridículo.

– Vamos, não vou contar a ninguém.

– É melhor não contar mesmo. Não aqui. Eu queria ser chefe de cozinha.

– Sério?

– Claro. Você imagina que eu venho aqui por quê? O cozinheiro daqui tempera de verdade os molhos. Faz molhos, pelo amor de Deus. E coisas assim. Põe um pouco de noz-moscada em omeletes saborosas. Ele sabe cozinhar, mas não fica louco por isso. Apenas é a pessoa certa no lugar certo.

---

*Se o criador tivesse um propósito ao equipar-nos com uma garganta, ele certamente nos destinaria a explorá-la.*

– Arthur Koestler

---

Posso ver o propósito deste homem brilhando em seus olhos agora mesmo. E não apenas isto, mas também está claro que ele tocou, cheirou e degustou a sua dádiva. Dói-me ver alguém ignorando o próprio destino, ver alguém comendo ovos quando o que realmente deseja é macarrão com queijo, contentando-se com um hambúrguer quando o que deseja realmente é um bife. Como abrir essas fechaduras? Como remover os gigantes a bloquear-nos as portas?

No caminho para uma vida plena, algo que todos nós precisamos aprender é estar inteiramente vivos a cada momento. Recentemente, tive o privilégio de dar uma conferência no Café Oprah, onde tive igualmente o privilégio gratificante de jantar com o tenista sueco Björn Borg. Falamos sobre a vida e sobre tênis, especialmente de seus incríveis duelos contra John McEnroe. Perguntei-lhe: "Houve momentos em que você pensava em desistir?". Ele disse: "Isto nunca passou pela minha cabeça, nem mesmo por meu vocabulário. Sempre joguei cada ponto como se fosse o ponto final". Aprendi muito com Björn Borg naquela noite. Gosto dessa idéia de jogar cada bola como se fosse a última. E é desta forma que você precisa viver a sua vida – rumo à plenitude, estando plenamente presente, sentindo plenamente, vivendo plenamente. Desta forma, caminhará rumo a um lugar muito bom.

As três chaves para transformar os sonhos em verdades são: imaginação, concentração e coragem.

Se você tiver um claro propósito que deseja perseguir, precisa permanecer buscando. Os seus sonhos não serão verdades a não ser que você os realize. Há três blocos de edifícios básicos na pirâmide nutricional para edificar sonhos fortes e concretos: imaginação, concentração e coragem. Passamos boa parte do último capítulo exercitando a nossa imaginação, e espero que ela lhe permita sentir-se mais confortável e mais estimulado. A imaginação é o poder que lhe permite ver a sua vida da forma como ela será. A imaginação é o que abrirá as fechaduras. Ela pode superar todas as impossibilidades que existem em sua mente. A imaginação lhe dá a força para superar obstáculos, para fazer as desculpas se evaporarem e para visar o caminho rumo a seu futuro.

---

*A imaginação é tudo – ela é a pré-estréia das próximas atrações da vida.*

*– Albert Einstein*

---

Enquanto conversamos, percebo que Carlos exerceu a imaginação de tal forma que posso sentir seu poder. Ele passou anos cozinhando em casa para a sua família e seus amigos, chegando mesmo a fazer alguns cursos. Quando descreve como combina diversos ingredientes, os detalhes são tão vivazes que até eu posso saborear o resultado. Fala sobre o tipo de cardápio que faria se – somente se, naturalmente – tivesse o seu próprio restaurante. Pode contar-me quantas pessoas precisaria na cozinha e por que seu cozinheiro seria diferente de qualquer outro chefe de cozinha na cidade. Ele está sendo constantemente consultado e elogiado por sua opinião em um *chat* da internet sobre alimentos e culinária. Até mesmo sua esposa fala que ele poderia ser um cozinheiro profissional. "Mas é apenas o que ela fala, você sabe, Deus a ama."

Instintivamente, Carlos banqueteou-se com o ingrediente simples e mais importante para fazer seu sonho acontecer – imaginar a meta em detalhes vívidos e profundos. Quando você fixar sua atenção em algo, leia tudo o que puder sobre o tema. Fale com as pessoas que estão fazendo o que você deseja fazer. Tenha um sonho que transita por filmes e artigos sobre o que você almeja. Carlos fez seu sonho navegar em sua mente.

– Você já tentou cozinhar para viver? – pergunto a Carlos.

– Nunca poderia fazer isto. Tenho uma família para alimentar. Não posso simplesmente deixar meu emprego e começar a cozinhar em qualquer lugar, em troca de um salário mínimo.

Eis o gigantesco "não posso": – Não posso transformar a minha vida.

– Quem falou em você deixar seu emprego?

– Além do mais, o que seria de mim? Eu vendo seguros de vida. Isto é o que eu faço. – Eis outro gigante.

– Carlos, havia um sujeito em Seattle, Washington, que trabalhou para a Boeing durante vinte anos. Assim que pôde se aposentar, foi para a escola de culinária em Nova York e começou o seu próprio negócio, fazendo presunto e salame.

– É, o sujeito chama-se Batali. Li sobre ele. Seu filho é um chefe de cozinha famoso.

– Mas, antes disso, ele passou anos aprendendo sobre os alimentos. Preparou-se, estudou, ficou pronto para aproveitar a oportunidade. Imagine como deve ser bom finalmente utilizar toda essa preparação.

– É, tenho certeza de que seria excelente.

Carlos, o vendedor de seguros, possui também o segundo instrumento essencial para construir sonhos concretos e sólidos: a concentração. Carlos tem a habilidade de focalizar-se em uma meta e de unir os ingredientes necessários. Apesar de trabalhar oito horas por dia em um emprego de que realmente não gosta, dedicou todo o tempo livre à sua paixão. Não se sentou em frente à televisão a queixar-se de nunca ter tempo para fazer as coisas que desejaria fazer. Em seu tempo livre, a concentração em sua atividade preferida ganhava força – quanto mais ele aprendia, mais queria experimentar. Quanto mais cozinhava, mais desejava aprender sobre culinária. Quanto mais aprendia, mais se lançava a inventar os seus próprios pratos, desencadeando a sua própria criatividade. Concentrar-se desta forma é o que transforma o seu sonho em realidade.

Assim, por que Carlos não se tornou um chefe de cozinha? Por ainda não ter encontrado o terceiro aspecto essencial: a coragem. Aqui, não estou falando da espécie de coragem necessária para enfrentar crocodilos, derrubar terríveis ditadores ou liderar tropas em uma batalha. É admirável fazer coisas como essas, mas a maioria de nós precisa desta espécie de coragem apenas raramente, ou jamais.

A espécie de coragem a que agora me refiro faz parte da vida cotidiana, e todos a possuem em alguma medida. É a coragem de fazer o que você precisa fazer, mesmo quando sabe que será difícil. É a coragem de buscar algo novo, de sair dos velhos hábitos e das velhas formas de pensar. Na maior parte do tempo, é a coragem de simplesmente poder afirmar: "Tenho medo de procurar um novo emprego – e se eu for rejeitado?" – ou "Tenho medo de parar de fumar – e se eu não conseguir?" – Muitas pessoas, ao reconhecerem ser o medo – não algo que possam ver, tocar ou derrubar, mas simplesmente o medo – o que as impede de mudar, já se encontram a caminho de uma vida melhor. É como o beberrão a tomar a palavra na Associação dos Alcoólicos Anônimos e afirmar ao público ébrio: "Eu sou um alcoólatra". Este é o primeiro passo.

E é isto o que impede Carlos de realizar o seu sonho. Ele precisa confrontar esses dois gigantes: "Não posso mudar a minha vida" e "Eu não sou assim".

Gostaria de saber se posso ajudá-lo.

– Na verdade, você não é apenas um vendedor de seguros. – digo. – Você é um vendedor de seguros que é um incrível cozinheiro. Você não é um incrível cozinheiro?"

– Bem, eu... bem, algumas pessoas dizem isto.

– Diga isto.

– Vamos...

– Não, apenas quero ouvir você dizer isto. – Ele me olha como se eu fosse louco. – Certo, então eu sou louco. Faça a minha vontade.

– Eu sou um... um cozinheiro. – Olho-o. – Um incrível cozinheiro. Você ficará surpreso de ver como dizer algo em voz alta pode fazer as coisas acontecerem. Ele sorri.

– Eu sou um incrível cozinheiro. – E o gigantesco "Eu não sou assim" começa a ficar muito nervoso. Como Carlos esclarece os seus pensamentos e concentra-se no pólo positivo, a sua percepção torna-se mais forte.

---

*Quem age enquanto espera tudo alcança.*

– Thomas Edison

---

Próximo passo: fazer algo pequeno.

– Então, que tal cozinhar um pouco?

– Não posso simplesmente fazer algo sempre que tiver vontade. Tenho uma esposa para cuidar.

– Mas ela já disse que você poderia ser um cozinheiro profissional.

– É, mas seria irresponsável.

Carlos provavelmente ouviu, a vida toda, que o homem tem de ser o ganha-pão, tem de fazer o que um homem precisa fazer, tem de pensar nos outros, antes de pensar em si, e assim por diante. Em outras palavras, Carlos ouviu tudo na vida, menos a única coisa que lhe permitiria tornar a sua vida completa – menos a voz interior a afirmar-lhe a sua paixão e o seu propósito. Mas não há razão para ele não começar a abrir um novo caminho em sua vida. Não posso resistir a impulsioná-lo um pouco mais.

– Você nunca deu um jantar para alguns de seus melhores clientes?

– Ah, claro, dei um jantar no restaurante italiano ali na...

– Não, estou perguntando, você já cozinhou para eles?

– Cozinhar para eles? E... e se eles odiassem a minha comida?

Também há este outro gigante: “E se eu não conseguir?” Iremos falar muito mais sobre fracasso, não apenas sobre o fracasso imaginário, mas também sobre o real, e você verá que ele não é o bicho-papão que parece ser. Mas antes de estar pronto a lidar com o fracasso real, você precisa ter a coragem de superar o fracasso imaginário que jamais aconteceu realmente.

A coragem é o terceiro aspecto essencial para edificar o seu sonho e transformá-lo em verdade. Na vida cotidiana, a coragem não vem a ser enfrentar perigos ou arriscar a vida. Vem de tomar a iniciativa, reconhecer se algo que parece ser um obstáculo, na verdade, vem a ser apenas temer o fracasso – temer o desafio, temer o ridículo, até mesmo temer o sucesso.

---

*A vida encolhe-se ou expande-se conforme a nossa coragem.*

– Anaïs Nin

---

Outro grande temor é ter medo da mudança, de vir a ser alguém diferente, desconhecido. Este temor pode vir da ignorância – algumas pessoas apenas não perceberam que a Rede Tudo é Possível está no ar o tempo todo. Quando se encontram com as oportunidades, não as reconhecem ou, mesmo reconhecendo-as, afirmam: “Pessoas como eu não fazem isto”. Outras simplesmente se recusam a fazer o que seria natural, pois o pai, a mãe, a irmã ou o irmão já o fizeram. O temor, o orgulho e a ignorância são chamas que podem consumir a sua coragem, mas se você ouvir a sua idéia divina terá forças, em seu coração, para alimentar a sua coragem e para dar-lhe o poder de enfrentar os seus temores. Deus não nos ensina a nadar para que nós nos afoguemos. Não deseja que sejamos alguém que “poderíamos-ter-sido” mas não fomos. Ele busca formas de abrir os nossos olhos, de modo que vejamos muito além das barreiras que nós mesmos construímos.

Como muitos de nós, Carlos imagina não ser bom o suficiente, esperto o bastante, dedicado o necessário, ou algo mais. Para algumas pessoas, os novos caminhos levam ao temor de falhar – elas têm certeza de que caminham rumo ao fracasso. Mesmo se são bem-sucedidas uma vez, imaginam que irão falhar na próxima vez, ou nas próximas vezes. O que você precisa saber é que falhar é o primeiro passo no caminho para o sucesso.

---

*O que chamo de fracasso não é cair, é permanecer caído.*
– Mary Pickford

---

Você não se lembra de quando tinha um ano de idade e aprendia a andar, mas vê as crianças fazendo-o. Elas levantam, caem, levantam, caem, levantam, andam, caem, levantam, andam. Não podem exprimi-lo, mas sabem que seu destino é andar, e irão andar. Para elas, é tão natural como respirar. Assim também é o nosso destino. Falhar, como disse Henry Ford, é apenas uma forma de descobrir como melhorar. Carlos precisa parar de antecipar o fracasso e começar a concentrar-se no que nele é real e potente – seu propósito, sua idéia divina.

Digo a Carlos que seus clientes não irão odiar seu jantar se ele deixar o seu propósito guiá-lo, pois sei que seu propósito não lhe falharia – não o deixará falhar. Ele só precisa usar a imaginação e assim poder olhar além dos limites que colocou para si mesmo, ver o potencial ilimitado que possui.

– Tim – fala Carlos –, você argumenta muito bem. Talvez você pudesse ser o melhor dos vendedores de seguros. Vou planejar o jantar.

Posso lhe falar que ele está começando a permitir-se sentir a coragem unida a seu propósito. Essa é uma grande sensação, algo que você desejará sentir de novo e de novo. Inicialmente, você pode não perceber esse espírito em si mesmo com muita freqüência; mesmo uma vez por semana pode ser raro. Mas, ao começar a tornar-se mais consciente, a deliberar escolhas sobre o que faz todos os dias, provavelmente descobrirá a si mesmo sentindo-se vivo em novas formas. Ninguém pode fazer isso por você, e as desculpas apenas o levarão para longe desse sentimento. Mas satisfazendo à fome de seu propósito, você estará mais fortalecido a cada dia.

Há outra espécie de coragem crucial para seu sucesso: a coragem de continuar buscando. Pode chamá-la de persistência ou de perseverança, mas na verdade ela é a fé em seu propósito e a decisão de jogar fora todas as desculpas. Uma de minhas desculpas preferidas é que tempos melhores virão. Mesmo quando sabemos o que desejamos fazer – o que precisamos fazer para realizar nosso propósito neste planeta –, é fácil deixar para agir amanhã. Ou na próxima quarta-feira. Faltam apenas algumas semanas para as coisas começarem a melhorar.

Você começará uma dieta, e a começará na segunda-feira, pois segunda inicia-se a semana, e habitualmente você come muito nos fins de semana, de forma que segunda você está tão cheio que acrescentou mais um quilo ao peso que precisa perder hoje.

Ou na próxima semana você será pago; assim, terá algum dinheiro para comprar o que parece essencial para desenvolver-se. Ou daqui a duas semanas a sua sogra finalmente terá ido embora de sua casa e você não terá de arcar com os gastos adicionais. No próximo mês, você será mais forte, inteligente, resistente, decidido e determinado. Nossa! Como o tempo é vasto!

Bem, imagino que você já seja forte, inteligente, resistente e determinado. Penso que você pode muito bem começar hoje, pois amanhã continuará a ser essa pessoa forte, inteligente e determinada e, quanto mais cedo começar a utilizar as dádivas que Deus lhe deu, melhor irá sentir-se. E na segunda-feira, se você não começou a utilizar as suas potencialidades, você pode pensar que o melhor dia para começar já passou, e agora já não há no que se apoiar para vir a tentar. Ao menos, não antes da próxima segunda-feira depois da próxima segunda.

---

*Perseverar, acreditar nas esperanças, é coragem.*

– Eurípides

---

## Há impossibilidades nos bolsos?

Há tantas e tantas razões para sentirmos que nada podemos fazer, mas há sete que se destacam. Vimos duas razões que vêm de dentro – o temor de mudar quem somos e o temor de falhar. Qual é a próxima grande razão? Vamos, você sabe. – É o dinheiro. Agora mesmo você provavelmente está pensando que não dispõe dos meios para fazer o que o deixaria verdadeiramente, profundamente, satisfeito. Não apenas isso, mas também você não tem meios para poder vir a ter meios – não pode poupar tempo aqui, não pode poupar dinheiro ali. Pense no que está falando – você não tem meios para poder vir a ter meios de realizar o que mais anseia e precisa?

Não acredito. Imagino que você não tenha meios para não fazê-lo. Você não tem meios para gastar toda a sua vida indo da cama para o trabalho, para casa, para a cama, para o trabalho, para casa de novo, de novo e novamente. Não há nada em sua vida que você não precise gastar? Você precisava comprar mesmo o novo terno que viu na semana passada? Precisava comprar o novo telefone celular que todo mundo acha tão fabuloso? Seu balanço financeiro precisa levar em conta um tempo maior do que o fim deste mês. Se você deseja viver uma vida plena, você não pode ter meios para não aprender novas coisas. Não pode ter meios de não fazer novas coisas, de vir a ser novas coisas. Você nunca fará investimento melhor.

Minha primeira experiência de ter ou não ter dinheiro para saciar um apetite veio depois de correr atrás de um vendedor de sorvetes em um dia quente de verão. Assim que meus amigos ouviram a música da perua do sorveteiro, gritaram: "Sorvete, vamos!" Pedalei minha bicicleta tão velozmente quanto meus amigos, mesmo não sabendo bem onde estava indo ou o motivo de toda aquela agitação.

Quando vi aqueles arco-íris de sorvetes, barras de chocolate e taças pintados na perua, meus olhos ficaram bem maiores do que grandes moedas. Mas então percebi que precisaria de um dólar para comprar uma das delícias geladas que meus amigos já sorviam. Eu não tinha um dólar. Vi como cada um de meus amigos apanhava nos bolsos os centavos necessários para pagar o sorveteiro. De repente, todos os olhares concentraram-se em mim.

- O que você vai querer, Tim?

Busquei uma desculpa. "Eu... eu logo vou ter de ir pra casa comer, então não vou comer nada agora." Todos acreditaram em mim – ou, pensando melhor, suponho que ninguém se importava de verdade por eu não tomar um sorvete –, mas aquele dia mudou a minha vida. Agindo com naturalidade, fiz algumas perguntas e descobri que todos os meus amigos tinham dinheiro em seus bolsos devido a algo que eu nunca ouvira falar – uma mesada. Um de meus amigos disse: "É, tenho de fazer coisas lá em casa todo dia, mas meus pais me dão dinheiro para gastar durante a semana".

Todo aquele tempo eu tinha sido ignorante, mas agora sabia que havia algo que podia ser muito bom para mim. Desde então, aprendi que o dinheiro nunca é o problema – o único problema é quando você pensa não existir uma forma de consegui-lo. Acredite que você pode consegui-lo. Utilize a sua imaginação, concentração e coragem, e você conseguirá. Em breve você saberá que conseguirá – chame isso de fé, se desejar.

Há meios de ganhar dinheiro, meios de poupar dinheiro e meios de conseguir dinheiro. Posso contar-lhe quantos milionários emprestaram dinheiro para começar o negócio que os fez ricos, famosos ou apenas realizados. O dinheiro pode ser um verdadeiro obstáculo, não apenas uma desculpa, mas um obstáculo que sempre pode ser superado. Sei que alguns dos leitores não têm dinheiro agora, mas o que podem fazer até têlo? No próximo capítulo, quando falarmos em criar metas que o levarão ao caminho para seu sonho, veremos como superar obstáculos como este.

---

*Viva conforme os seus meios, mas sonhe além de seus meios – e então, viva os seus sonhos.*

---

A quarta impossibilidade vem a ser as nossas responsabilidades perante a família e os seres amados. Carlos sentiu-a de forma tão forte que jamais chegou a conversar com a sua esposa sobre expandir suas atividades culinárias. É possível que ela se negasse a ouvir uma busca razoável de seu marido? Duvido. Eles podem vir a planejar, juntos, como transformar a idéia divina de Carlos em realidade. Muitas vezes, tememos achar que somos muito importantes, muito egoístas, e assumir a responsabilidade de mudar a vida de nossos parceiros – bem como a nossa vida. Em outras situações, as pessoas podem temer que uma rejeição obrigue-as a tomarem decisões sobre uma amizade, um casamento, uma associação. É preciso coragem para enfrentar a possibilidade de uma rejeição, mas adiante falarei sobre construir uma rede de apoio a seu redor, a protegê-lo dessas espécies de choque.

– Tim – você pode pensar –, quando vamos começar a agir? Você fala que aprenderemos algo no próximo capítulo, ou nos próximos. – Sim, você está certo. Algumas pessoas podem ver os seus sonhos, sentir os seus propósitos, estar famintas o bastante para começar a agir corretamente. Essas pessoas podem não precisar de muito tempo, como outras, para compreender as razões de ainda não terem começado a viver uma vida plena.

Se você já sabe o que o detém, se nenhum desses temores o detém e você está impaciente para seguir adiante, pode ir para o próximo capítulo. Mas escreva no livro algo sobre impaciência – para transformar a sua vida, você precisará agir muito e, se pular algum passo, ele pode vir a fazer-lhe falta. Você pode descobrir que há mais de uma coisa a detê-lo e precisa voltar a esta página, o que, entretanto, também pode vir a ser um progresso.

---

*O homem que se queixa da forma como a bola salta é alguém que a deixará cair.*

– Lou Holtz

---

A quinta impossibilidade é sentir que precisamos fazer tudo sozinhos. Você precisa realizar a sua meta por si mesmo, sem o auxílio de ninguém. A conseqüência é que você nada faz até aprender absolutamente tudo o que precisa saber, ganhar o dinheiro de que precisa, em vez de emprestá-lo, ou aprender a ser duas pessoas, de forma que possa fazer tudo o que for necessário. Precisa planejar o cardápio, comprar os alimentos, cozinhar os pratos, servir os clientes, fazer as contas e reformar o restaurante. Tudo por si mesmo.

Na outra face da mesma moeda, talvez você não possa progredir, pois precisa encontrar uma pessoa, ou duas, que possam ser exatamente o que você precisa para poder começar. Um instrutor, um ajudante, um anjo, um mentor, bons ouvintes. Eles vão dispor das finanças, da sabedoria, da energia ou da dedicação para mantê-lo trabalhando.

Na verdade, ambas as desculpas, transformadas em estratégias e utilizadas com propriedade, são parte do viver uma vida plena.

Precisamos aprender e precisamos encontrar ajuda e aceitá-la. Como disse, falaremos sobre construir essa rede de apoio, que nos dá os suportes tanto internos quanto externos – tanto o auxílio emocional de que você precisa quanto os meios como as finanças, o conhecimento e os contatos. Entretanto, esses aspectos transformam-se em desculpas quando você insiste em tudo ou nada. Se você decidir que nada acontecerá até você conseguir tudo o que precisa, ou que nada acontecerá até você conseguir as pessoas certas para auxiliá-lo – bem, então, nada acontecerá.

## Mantenha as impossibilidades fora do cardápio

O que o impede de viver o seu sonho? Escreva tudo o que puder pensar sobre isto. Quando pensar em um obstáculo, imagine, por um momento, que ele foi superado. Se for dinheiro, imagine o que faria se alguém lhe desse o dinheiro. Se for tempo, imagine que alguém o auxiliaria e lhe daria bastante tempo livre para você trabalhar em seu sonho. Então, pergunte a si mesmo que outro obstáculo poderia impedi-lo de ser uma estrela. Imagine esse obstáculo superado. Quando chegar ao último obstáculo, imagine-se alcançando a sua paixão, realizando a sua meta. Faça esta visão tornar-se real até poder senti-la em seus ossos e músculos, em seu coração e mente.

Então, interiorize a si mesmo profundamente ou imagine exteriorizar-se, encontrar-se fora de si mesmo, e diga a si como pode superar os obstáculos, as emoções, as perturbações, as carências. Você pode não conseguir superar todas as barreiras hoje, amanhã, na próxima semana ou no próximo ano. Mas deixe-me assegurar-lhe que você irá superá-las. Você fará história superando-as. Você fará a sua história.

Visar vivamente a sua meta é a chave para realizá-la.
Não deixe nada distraí-lo de suas metas.
Tenha a coragem de acreditar em seus sonhos.

## O DIÁRIO DE SUA VIDA PLENA

Pense nos sonhos que sonhou, através da vida. Agora mesmo, você pode estar condicionando-se para ignorar esses sonhos e para concentrar-se nas espécies de obrigações práticas e cotidianas. Uma das coisas que gostaria que você fizesse é desaprender a manter-se nessa concentração limitada. Quando você era uma criança, teve sonhos que esqueceu por boas razões. Eu queria ser um jogador de basquete, mas descobri que não era tão bom quanto pensava.

Agora percebo uma espécie de sonho totalmente diferente – mas tão improvável como ser um jogador de basquete. Busque lembrar-se dessa espécie de sonho em que você acredita poder ser tudo o que deseja ser, e aplique-a às atividades que você mais ama fazer. Sonhos de sucesso, aclamação e honras. Escreva o que pensa nesse sentido – não porque irá fazê-lo acontecer, mas porque sonhar com intensidade é uma habilidade que você precisa exercitar.

Agora você começará a especificar o cardápio de sua primeira refeição plena. Usarei um exemplo – perder peso – como modelo. Embora possa parecer óbvio, penso que ajudará a mostrar como todos os aspectos da vida influenciam-se uns aos outros.

1. Escolha um ou mais dos desejos inscritos em suas listas ao fim dos capítulos anteriores, uma das metas que deseja realizar, em curto ou longo prazo.

**Desejo:** perder peso

2. Como as suas prioridades lhe permitem realizar esse desejo?

**Físico:** fazer mais exercícios.
**Pessoal:** gosto de realizar uma grande mudança de uma só vez e de mantê-la.

**Social:** gosto de fazer as coisas junto com outras pessoas.
**Profissional:** não posso pensar em nada.
**Espiritual:** terei mais tempo para dedicar a meus amigos e à minha família.

3. Esse desejo é uma parte de seu propósito na vida?

**Propósito:** quero contribuir para a vida de meus filhos – perder peso me ajudará a viver mais e dará um bom exemplo a eles.

Agora tente fazer o mesmo com um de seus desejos.

Talvez a habilidade mais importante que você aprenderá a caminho de sua vida plena é a visualização. Como qualquer outra habilidade, você a exercerá melhor quanto mais praticá-la, mas no início pode ser difícil exercê-la. Irei dar-lhe séries de exercícios que podem auxiliá-lo a treinar para realizar, no futuro, as atividades mais difíceis.

1. A forma mais fácil de começar é iniciar com algo que lhe é familiar. Por exemplo, imagine o que fará mais tarde hoje, ou nesta noite. Não estou sugerindo a você tentar inventar algo – apenas pense no que costuma fazer habitualmente, passo a passo. Você pode pensar: Bem, vou para casa, vou jantar, ver televisão, ler um pouco e depois vou para a cama. Espere um pouco – você não visualizou completamente. Volte – você mudará de roupa, olhará a correspondência, olhará o que há na geladeira? Que roupas vestirá? Que programas verá? O que lerá? Veja como a sua visualização pode ser detalhada. (Atenção: este pode ser um exercício sério – mas não crie dificuldades para si mesmo, apenas reconheça a sua vida como ela é).

2. Quando você sentir-se à vontade ao visualizar a sua rotina cotidiana, visualize alguma atividade de que goste, mas que não pratica diariamente. Se você gosta de costurar, por exemplo, pense no que gostaria de costurar. Busque sentir o que sente quando costura. Imagine a satisfação que sente quando termina de costurar uma peça. Mesmo se estiver imaginando apenas assistir a televisão, você pode visualizar o que pode assistir, como a sua mente vagueia, se você busca aperitivos durante os intervalos comerciais, e assim por diante.

3. Agora que você já praticou o que lhe é familiar, é tempo de passar a algo não familiar. Imagine uma de suas atividades favoritas, mas em uma situação em que ela venha a ser tão maravilhosa e satisfatória quanto possível. Se você corre, por exemplo, imagine o que aconteceria se suas pernas não pesassem e se seus pulmões pudessem expandir-se indefinidamente. Imagine o movimento de suas pernas, a leveza de seus passos, o prazer que sente ao fazer algo tão bem quanto pode.

A concentração, como a imaginação, pode ser treinada. Pense em situações em que você estava tão entretido com algo que o tempo parecia voar. Nessas situações, quais eram as suas atividades? O que as tornou tão absorventes? Faça um registro dessas atividades.

A concentração também pode ser, em si mesma, um exercício regenerador. A meditação é um exercício bem conhecido na religião, mas não apenas por motivos religiosos. A meditação, na verdade, não é nada mais do que o pensamento concentrado. Passe cinco minutos concentrando-se em algo simples – a sua respiração, uma imagem favorita ou a lembrança de uma pessoa querida. Utilize um cronômetro, de forma que não precise pensar se já se passaram cinco minutos, e procure pensar apenas no objeto em que escolheu concentrar-se. Se a sua mente começar a vaguear, não se sinta mal – apenas leve-a de volta a seu objeto. Quando você se sentir mais à vontade e no controle de seus pensamentos, concentre-se em algo de sua vida que você gostaria de mudar.

Você pode achar que a coragem é algo que precisa tomar do *Mágico de Oz*, como fez o Leão Medroso. Mas lembre-se do que disse o Mágico ao Leão – tudo o que ele precisava era de uma prova. Naturalmente, essa é uma cena divertida, mas talvez seja mais próxima da realidade do que parece inicialmente. Estou certo de que houve momentos em sua vida em que você fez algo corajoso – correu um risco físico, talvez, ou enfrentou alguma autoridade. Lembre-se de incidentes semelhantes, mesmo se aconteceram há muito tempo. O que lhe permitiu enfrentar os seus temores? Foi acreditar em si mesmo? O seu entusiasmo ao realizar algo? O encorajamento de amigos? O importante é que você já fez isso antes e pode fazê-lo novamente – tudo de que precisa é da situação certa.

Finalmente, pense nas coisas de sua vida que o impedem de realizar o que deseja fazer – nos "não posso", nas aparentes impossibilidades de sua vida. Agora, apenas faça uma lista delas:

| **Objetivo** | **Impossibilidade** | **Solução** |
|---|---|---|
| | | |
| | | |
| | | |
| | | |
| | | |
| | | |
| | | |
| | | |
| | | |
| | | |
| | | |

# 4

# Ouça a si mesmo

Nós falamos nos três aspectos principais para a criação de uma vida plena: o propósito, as paixões e as prioridades – os três "p" que definem as suas metas e a forma de alcançá-las. Também já abordamos os aspectos que irão mantê-lo a caminho da vida plena – a imaginação, a concentração e a coragem. Agora é tempo de dar os primeiros passos para a transformação de sua vida e, para dá-los, você precisará de certos instrumentos específicos; e é sobre isso que nós conversaremos, no presente capítulo. Se eu lhe disser como fazer uma torta de maçã, mesmo se eu lhe der todos os ingredientes, você não obteria muito sucesso, a não ser que eu também lhe desse os instrumentos – o rolo para a massa, a fôrma da torta, as medidas, o forno...

O primeiro passo para descobrir a sua idéia divina é começar a procurá-la. Mesmo se você começar a ler este livro buscando sinceramente mudar de vida, buscando sinceramente a maravilha existente em você, poderia limitar-se a virar as páginas e dar uma olhada no cardápio, esperando por algo, ou por alguém, vir fazer as escolhas por você. É como quando você sai para jantar e todos sempre esperam que cada um faça a sua escolha e o seu pedido, antes de se decidirem. Você pode imaginar: Acho que depois o Tim Storey vai falar o que tenho de fazer a seguir, então não preciso escrever, nem pensar, nem fazer nada. E pode nem sequer imaginar que está imaginando isso. Mas, a menos que você comece a sentir essa urgência, esse senso de que há uma nova vida esperando por você bem ali no canto, imaginará não precisar participar ativamente. Se você sentir essa urgência, ela virá a ser tão estimulante e vivaz que eu não conseguiria mais detê-lo, mesmo se tentasse.

*Aprendemos na vida que a única pessoa que podemos corrigir e mudar é a nós mesmos.*
– Katharine Hepburn

Naturalmente, não há meio de eu lhe falar o que você precisaria fazer, e provavelmente você sabe disso. Precisaria vir a ser as suas respostas, o seu propósito, as suas paixões. Ninguém pode dá-los a você, salvo você mesmo.

## O divino desespero

Tive a sorte de encontrar o meu propósito cedo, em minha própria casa. Minha família não era apenas muito unida e religiosa; nela também havia beberrões e lutadores. Eles se encontravam nos fins de semana e competiam para ver quem podia beber mais, quem podia causar mais embaraço. Na noite de sábado, lá estavam eles de novo, dando continuidade àquela maratona e falando coisas fúteis. Comecei a falar à minha irmã que não queria crescer daquela forma. Queria fazer alguma diferença no mundo. Queria torná-lo um lugar melhor não apenas para mim mesmo, mas para minha família e para todos a meu redor. Queria fazer história e transformar o mundo. Queria deixar a minha marca na vizinhança em que cresci. Queria ajudar crianças que precisavam de uma mão e sair daquele lugar "mais ou menos". Percebi que não precisava seguir o caminho que minha família sempre seguira.

Minha irmã disse que achava uma grande idéia, mas era bastante sábia para não limitar-se a concordar. Lembrou-me de sua amiga que ganhara uma medalha de prata nos Jogos Olímpicos, na natação. Não a ganhara apenas sonhando ganhá-la. Seu despertador tocava às cinco da manhã e ela ia para a piscina treinar. E depois da escola voltava à piscina e treinava mais algumas horas. Eu me surpreenderia se a visse de cabelos secos.

---

*Para fazer o que amamos, muito cedo despertamos, e com que prazer nós vamos.*

– William Shakespeare

---

O que minha irmã queria dizer era que, se eu fosse realizar algo, seria melhor desesperar-me. Precisaria fazer muitas coisas novas para mim, e mesmo para minha família. Teria de me formar no colégio e ir para o seminário, teria pela frente dias difíceis. Efetivamente, eles seriam bem mais difíceis do que eu imaginara. Mas dera esse primeiro passo. Chegara à decisão de que viveria a minha vida segundo um plano, e não por acaso, ou por falta; decidira assumir o controle de meu destino. Estava desesperado para assumir as rédeas do meu destino. Este bom desespero, o "estou louco por isto"..., deu-me a chave para mudar: a motivação.

Eu era especial? Poderia dizer que era especial apenas no sentido em que todos nós somos especiais – feitos prodigiosa e maravilhosamente, como fala a Bíblia. Eu não era especialmente favorecido. Lembre-se, eu não era o melhor da classe – tive aulas de recuperação em leitura. Era um bom atleta, como já disse, até que aqueles meninos de outras escolas me fizeram comer poeira. Não ia a lugar algum sem representar comédias para meus colegas.

Talvez fosse especial enquanto perdera meu pai justamente quando ele poderia ter me auxiliado através do caminho para a maturidade. Em vez de poder seguir a sua orientação – ou a orientação de qualquer outra pessoa –, tive de trilhar esse caminho por conta própria. Passei anos buscando imaginar quem eu era. Mesmo mais tarde, no seminário, não era igual aos outros. Era especial apenas pelo que eu não tinha. Mas me esforcei muito.

---

*Enquanto tiver um desejo, terei uma razão de viver.*
– George Bernard Shaw

---

Esforcei-me em divino desespero, que não é pânico, nem fraqueza, nem frenesi ou preocupação. É uma resolução de fazer o que for necessário para ser a pessoa que desejamos ser. Eu era muito jovem e não parei para pensar que poderia ser difícil, que haveria muito a aprender e muito a fazer. Todos nós podemos utilizar essa fé e ausência de temor próprias das crianças. O que posso lhe falar de mais importante é que você possui todos os talentos e instrumentos necessários para vir a ser um transformador de seu mundo e um agente de sua história. Tudo o que você precisa fazer é perceber que os possui e ter a confiança e o desejo para lançá-los ao trabalho.

## Pare, olhe e ouça

Se você ainda não descobriu o seu propósito na vida, não se preocupe. A vida pode ser cheia de tarefas, ruídos e confusões. Há sempre muito a fazer e pouco tempo para fazê-lo, não é verdade?

É uma meia-verdade. Sim, a vida pode ser assim. Mas agora você encontra-se a caminho de assumir o controle de sua vida, e a primeira coisa que dirá é que a vida não será assim. Ela será muito ocupada se você quiser que ela seja. Será cheia de ruídos se você emitir os ruídos. Mas não será confusa, pois você saberá para onde está indo e como chegar lá. Você começará a viver plenamente controlando os ruídos, atividades e ocupações, e encontrando certa quietude.

*Para conhecer a sua paixão dominante,*
*observe os seus castelos no ar.*
*– Richard Whately*

Você precisa deter, ao menos por um momento, todas as habituais tarefas, deveres e atividades cotidianas. Podemos estar tão ocupados que já não somos seres humanos, mas fazeres humanos. E quanto mais nós fazemos, mais as pessoas nos falam o que devemos fazer. Amigos, familiares, colegas – todos têm uma opinião sobre o que devemos fazer com nossa vida. Às vezes, outras pessoas podem ter lhe falado a mesma coisa tão freqüentemente que você pensa ser idéia sua. Isso é parte do problema. Habitualmente, as opiniões dessas pessoas são sobre as vidas delas mesmas, não sobre a sua própria vida. Naturalmente, é importante ouvir os outros, mas você precisa examinar o que falam e escolher o que pode ajudar você.

Muitas vezes, precisamos fazer essa escolha por nós mesmos, felizmente. Ron Meyer, agora chefe dos Estúdios Universal, era um garoto pobre que cresceu no oeste de Los Angeles, filho de imigrantes alemães. Saiu do ensino médio, não encontrou trabalho algum e passou muito tempo jogando. Finalmente, tornou-se fuzileiro naval, atraído pela programação de lutas de boxe.

Então, houve uma grande pausa em sua vida. Teve sarampo e ganhou uma quarentena de duas semanas. Nada tinha a fazer; assim, sua mãe enviou-lhe alguns livros. Um era sobre um talentoso empresário em Hollywood. Depois de ler o livro, ele disse: "Percebi que não sou mais aquele menino idiota que eu era, e quero mudar a minha vida".

Não tinha diploma, nem experiência em cinema, nem instrução. Rodeou todas as agências de talentos da cidade e pediu por qualquer espécie de trabalho. "Todos me disseram não. Eu não tinha uma educação formal. Não tinha contatos, nem dinheiro. Não havia razão para me darem um emprego." Mas ele não desistiu, pois já tinha uma meta. Ademais, ele disse: "Não tenho meios para poder fracassar. Preciso ganhar dinheiro". Trabalhou como ajudante de garçom e de cozinheiro. Limpou a graxa das máquinas. Vendeu sapatos. "Quando conseguia um emprego, dava tudo de si", disse Meyer. "Quando eu era auxiliar de garçom, queria ser o melhor auxiliar de garçom."

Estava trabalhando em uma loja de roupas quando a agência de Paul Kohner o chamou, lembrando-se do jovem que aceitaria qualquer trabalho por qualquer salário. Ali, tornou-se um mensageiro, a 75 dólares por semana. Tornou-se um agente. Abriu a sua própria agência. Ao ver que o sucesso era possível, determinou-se a realizá-lo. Ron Mayer realizou algo além dos mais selvagens sonhos de sua infância, e tudo devido a uma grande pausa. O que o torna especial é que fez o máximo dessa grande pausa. Teve a coragem de fazer uma escolha e a persistência de atravessar os caminhos para a realização de sua escolha.

É tempo de dar um salto à frente, tempo de fazer uma grande pausa e ultrapassar todos os hábitos e pensamentos que o apequenam e deprimem. Não apenas por você merecer uma pausa agora: você precisa afirmar que está fazendo uma pausa – uma pausa para si mesmo. Dando um passo além de sua rotina cotidiana, da vida cotidiana, das idéias cotidianas, você estará dando o primeiro passo rumo a uma vida gratificante, excitante e satisfatória. Você estará falando ao mundo, especialmente a si mesmo, que as coisas serão diferentes do que são.

É tempo de olhar a sua vida, ver a paisagem, ler todo o cardápio. Então você ouvirá a voz presente em seu coração e mente. Entretanto, deixe-me avisá-lo: ninguém começará a falar em seu ouvido no tom profundo do ator James Earl Jones. Quando essa voz lhe falar, será com a sua própria voz.

Um belo dia, sem a pressão de encontros marcados e tarefas iminentes, faça uma jornada pessoal. Se precisar, diga que está doente, pois esse será um dia de experimentar a saúde de sua mente. Ademais, não será um dia de repouso; você agirá. E aposto que passará a agir com energias renovadas.

Não planeje o seu dia antes do tempo: antes, planeje estar sem planos. Você poderá querer sair de sua casa, para não se distrair pelos hábitos cotidianos, pelo computador, pela televisão ou por outros eventos que preenchem a nossa vida. Deixe a sua mente livre, e deixe-me sugerir alguns campos por onde pode vagar. Para alguns, vagar não será fácil – Oscar Wilde mesmo disse: "A coisa mais difícil do mundo é não fazer coisa alguma". Mas, às vezes, você precisa limpar um espaço, antes de poder encontrar o lugar onde precisa estar. Não quero lhe dizer que você irá decidir toda a sua vida em um único dia, mas você pode sintonizar a mente na busca do evento, ou dos eventos, que lhe darão o sentimento de satisfação e alegria.

Você pode fazer a sua pausa na companhia de alguém; sei que muitos têm mais facilidade para exprimir as suas idéias em voz alta do que para escrevê-las. Mas essa companhia precisa saber antecipadamente ao redor de que estrela gira esse dia: ao redor de você. Que não deseja distrair-se de si mesmo. Se você não conhece alguém que possa dispor desse tempo, imagine que está conversando com alguém profundamente preocupado com seu futuro sucesso. Deixe sempre ao alcance seu diário com as listas de desejos e não-desejos, agora organizados segundo os três "p": propósito, paixões e prioridades. Você também já tomou algumas notas sobre os obstáculos em seu caminho. Vê quanto progresso já fez?

Em primeiro lugar, você lançará um olhar à sua própria vida, fazendo o inventário do que há em sua despensa. Passe algum tempo a pensar nos diversos aspectos de sua vida: seu corpo, caráter, a vida em casa, a vida no trabalho, as coisas que lhe permitem afastar-se do trabalho. Pense em como consome o seu tempo; pode surpreender-se ao descobrir quanto tempo consome em coisas com as quais não se importa. Pense em como consome o dinheiro; pode fazer o mesmo tipo de descoberta. Pode estar ou vir a estar satisfeito com sua aparência – pode não ser nenhum Brad Pitt ou Angelina Jolie; entretanto, você pode sentir-se à vontade em relação ao que as pessoas vêem, ao olhá-lo. Pense em suas amizades e em outras relações pessoais. Pense no que gosta de fazer e no que faz bem.

Há aspectos de sua vida que você precisa trabalhar mais que outros, mas nenhum deles pode cegá-lo aos demais aspectos. Agora é a hora de ser tão honesto consigo quanto possível. Não é fácil, por muitas razões. Uma delas: quando pensamos em nós mesmos, freqüentemente nos enrolamos em nossos fracassos e falhas. Fixamo-nos em coisas que achamos vergonhosas, desagradáveis ou lastimáveis.

---

*Preferimos falar mal de nós a não falar de nós.*
– La Rochefoucauld

---

Ser honesto significa ver o bem, tanto quanto o mal. De fato, outra razão da dificuldade de ser honesto é que duelamos com nós mesmos por características que em si não são verdadeiramente más. Elas são apenas o que fomos, em dado momento e lugar – não o que somos o tempo todo, nem todas as vezes. Você pode sentir preguiça de fazer tarefas domésticas, mas sentir-se pleno de energia para jardinar. Pode não ser capaz de passar o tempo planejando a sua semana, mas fazer quatro amigos reorganizarem as suas programações, planejando em conjunto.

Fixar-se em seus aspectos negativos não é ser efetivamente honesto consigo mesmo. Você permite que esses aspectos o definam? Rotula-se? Deixa o passado determinar o seu futuro? Não se aborreça dessa forma.

Uma das pessoas mais interessantes com quem já tive a chance de conversar é Robert Downey Jr. Conversamos muito em bares e restaurantes, e houve uma conversa fantástica sobre não desistir. Robert é um grande exemplo de alguém que decidiu viver além dos rótulos que nele colocaram. Os rótulos têm seu próprio poder – afirmam-lhe o que algo contém em seu interior, como usá-lo, qual seu valor. Se você segura uma lata rotulada como "Sprite", tem certeza do que há no interior da lata. Sabe que não é Coca-Cola ou água. Fazemos o mesmo com as pessoas. Quando alguém é rotulado como "viciado em drogas" ou "fracassado", limitamo-nos a pressupor que sabemos o que há no interior da pessoa.

E se eu ganhar um rótulo, posso começar a pensar de mim mesmo o que afirma o rótulo. Assim, eu era "o palhaço da classe", até o senhor Probert levar-me a respeitar a mim mesmo. O que adoro em Robert é que ele nunca cedeu aos rótulos absolutamente, mesmo quando estava na capa de *Newsweek*, pelas questões das quais falou tão abertamente. Estou certo de que houve tempos em que ele sentiu-se tão fraco a ponto de não conseguir lutar, ou mesmo dias em que parecia desistir, mas afinal soube ser maior que os rótulos que lhe colocaram.

Nele havia uma grandeza que precisava exprimir-se. Penso nisso como na verdadeira pessoa fazendo uma solicitação à pessoa que se tornou. Estou orgulhoso de Robert, orgulhoso pelo fato de ele ter se decidido a não desistir ou recuar. Passei vários dias com ele, Tobey Maguire e Michael Douglas, nas filmagens de *Garotos Incríveis*, e estava claro que Robert havia deixado Deus e a vida trazê-lo de volta.

Assim, se você rotulou-se, ou se foi rotulado por outras pessoas, jogue fora esses rótulos. Lembre-se: você pode fazer uma pausa hoje. Pode dar um tempo para a vida hoje. O dia de pausa não vem a ser confissão, mas progressão. Quando estávamos conversando, Selene me disse: "Não costumo admitir, mas, na verdade, sou preguiçosa". Mas quando Selene falou sobre os desafios e dificuldades de unir todas as peças do pôster de um filme em um desenho surpreendente, havia mais energia nela que em duas Selenes. Ela passou horas realizando esse projeto e, ao terminá-lo, não sentiu tê-las passado; sentiu-se plena de energia. Assim, há duas Selenes – e imagino que o mesmo acontece a muitas pessoas. Uma delas possui profundos mananciais de vitalidade, pois faz o que a realiza. A outra se cansa facilmente e não sente fazer esforço algum por nada; esta outra Selene não se entusiasma com seu trabalho.

---

*Ninguém pode fazê-lo sentir-se inferior*
*sem o seu consentimento.*

– Eleanor Roosevelt

---

Se ela realmente fosse preguiçosa e isso interferisse em seu propósito na vida, teria de fazer dessa ociosidade uma prioridade para a mudança. Se a bebida ou as drogas assumem o controle de sua vida, você precisará colocá-las no topo da lista das coisas que deseja mudar, pois você deseja estar no controle. E se você o desejar, você pode. Mesmo os programas de doze passos concordam: deixar algo – o cigarro, as drogas, a bebida – é, em última análise, algo que você precisa desejar fazer por si mesmo. Mas o que desejo lhe lembrar é que, se você cometeu erros, você não é um erro. Se você desenvolveu maus hábitos, isto não significa que seu hábito é ser mau. Em outros capítulos, agiremos muito para desenvolver técnicas e estratégias para lidar com os pensamentos negativos. Lembre-se do dia que se inicia ao se fazer uma pausa. Você transformará o que o prende naquilo que você libertará. Assim, será renovado, redimido e revigorado.

## A descoberta de seu sonho

Depois de pensar em seus talentos e habilidades, é tempo de começar a imaginar onde aplicá-los. Há diversas técnicas e instrumentos que você pode utilizar para descobrir onde vive o seu sonho. Uma delas é escrever sobre quando teve êxito, quando se sentiu feliz, sobre as pessoas que o elogiaram e sobre o que elas elogiaram. Essas experiências contêm a verdade profunda de sua vida. Volte a percorrer todo o seu caminho, até a sua infância. Lembra-se de quando era criança e despertava de manhã? Havia tanto a fazer; tanto a percorrer. Você saltava da cama e corria a seus brinquedos, tomava o café da manhã, via alguns desenhos e saía. Quando um amigo compartilhava um novo brinquedo ou objeto, você não hesitava. Se havia um novo lugar a ver, lá estava você. Com tanta vida e energia. Sua vida foi construída sobre o entusiasmo.

Quando crescemos, substituímos o entusiasmo pelo dever. Assumimos responsabilidades e tarefas que não nos importam realmente. O solo de nossa vida torna-se cada vez menor, até que dificilmente possamos dar um passo adiante. Esquecemos o que existia quando a animação era a cor do nosso dia, o sabor de nossa refeição, o motor perpétuo de nossa vida. Mas permanecem momentos em que vamos além de nós mesmos através da excitação, transportados pelo entusiasmo. Pense nesses momentos como uma boa forma de começar esse dia de pausa.

Outra técnica é imaginar voltar a seu vigésimo aniversário (ou trigésimo, ou quadragésimo – nunca é tarde demais). Imagine estar ali, orgulhoso do que realizou e desejar que todos o saibam. Você quer que as crianças de outrora saibam que estavam erradas sobre você. Se fosse Charlie Brown, desejaria que a bela menina ruiva admirasse as suas realizações e finalmente o percebesse. Não se preocupe com parecer presunçoso ou por fazer algo pequeno – nada é pequeno se vale a pena, se é importante para você.

*Se deseja ser respeitado pelos outros,*
*o melhor meio é respeitar-se a si mesmo.*
– Fiódor Dostoiévski

Ou você pode olhar em outra direção. Quando se sentiu cheio de energia? Quando sentiu ir além de si mesmo? Quando pensou: "Nossa, o tempo voou"? Veja se pode lembrar-se.

Aqui há outra técnica: pensar nos diversos propósitos de vida que as pessoas podem ter – dinheiro, fama, sucesso artístico, ser bom pai. Você pode já ter escrito os propósitos que deseja alcançar, mas experimente acrescentar mais alguns. Faça-os tornarem-se reais em sua mente. Imagine o que aconteceria se essas coisas, que você ama, fossem a razão de sua existência. Pense em como a sua vida mudaria se você vivesse segundo seu propósito. Imagine que alguém está escrevendo uma história do mundo e escrevendo sobre o que você acrescentou à história.

Imagine o prefeito de sua cidade dando-lhe um prêmio, recompensando-o por seu propósito. Imagine seus filhos falando: "Meu pai me tornou capaz e atencioso", ou "Minha mãe me deu amor e me tornou capaz de amar". Se você compreender que não pode realizar o propósito escolhido em um só dia, já terá aprendido algo. Nos próximos dias, escolha um objetivo ao início de cada nova manhã e pense nele durante o dia. Faça um teste de direção. Você pode querer modificar o objetivo – ou apenas passar ao próximo. Mas não deixe de buscá-los.

Pense nos momentos da vida que se fixaram em seu ser. Pense nas pessoas que o influenciaram, para melhor ou pior. Pense nos eventos aos quais seus pais lhe fizeram dar atenção, para o seu bem ou não. Agora que você anseia pela mudança, pergunte-se sobre o que essas pessoas lhe diriam e gostariam que você fizesse.

Todas essas técnicas são formas de descobrir para onde você deseja levar a sua vida, bem como de separar as crenças e atividades que movem a sua alma das idéias que outras pessoas – ou filmes, livros ou autoridades – buscam lhe vender. Uma das técnicas é a certa para você, para sua vida neste momento e, quando descobri-la e praticá-la, acionará também a motivação, a coragem e a concentração.

## O amor e o dinheiro – mas qual é a verdadeira recompensa?

Alguns podem surpreender-se e falar: "Se eu pudesse encontrar a pessoa certa para mim, a parceira da vida, seria capaz de fazer qualquer coisa". Bem, pense nisso por um momento em seu dia livre. Serei a última pessoa a minimizar a importância do amor – O amor divino é o que torna a nossa vida possível, e as pessoas que me amaram valem ouro. Mas se você disser: "O amor de uma pessoa fará a minha vida valer a pena", o que você estará falando, na verdade, é que espera que alguém mais lhe possibilite fazer algo. Mas, apesar de concordar com que o apoio e o cuidado de uma pessoa amada possam vir a ser um incrível auxílio, a única pessoa que pode mudar a sua vida é você mesmo.

Se você busca um parceiro na vida para que ele se sacrifique em seu nome, você ainda não é uma pessoa. Ou é apenas meia pessoa. E se você segue buscando enquanto é meia pessoa, atrairá outra meia pessoa. É como falar a alguém: "Ah, você não está se encontrando com meu eu real. Na verdade, sou uma pessoa incrível. Quando não estou deprimido, sou um barril de alegria". Você precisa aprender a ser uma pessoa mais forte e melhor, com mais caráter, de forma a poder começar a atrair pessoas mais fortes e melhores. Se você vem a ser uma pessoa íntegra, completa, começará a atrair outras pessoas completas e enriquecerá a sua vida, em vez de apenas tampar os seus buracos e preencher os seus vazios.

Por outro lado, você pode estar querendo dizer que deseja encontrar alguém a quem possa devotar a vida – talvez a sua busca seja vir a ser alguém que existe neste planeta por alguém mais, não sacrificando, mas preenchendo e realizando o seu propósito vital. Sigamos esse pensamento. Imagine o que viria a ser dar a vida por alguém, deixar alguém ser o seu alicerce e a sua bússola. Imagine o que viria a ser a vida. Você encontraria realização completa ao renegar as outras paixões e prioridades? Que aspectos seus a outra pessoa teria de aceitar? Você descobriria que há aspectos que simplesmente não poderia abandonar – e assim aprenderia muito.

---

*Se eu não for por mim, quem será por mim?*
*Se eu for só por mim, o que serei?*

– Hillel

---

Como o amor, o dinheiro pode parecer um fim em si, e certamente você desejará pensar nisso em seu dia dedicado a você. Qual a importância do dinheiro? Você pode falar: "Se eu tivesse bastante dinheiro, poderia fazer o que quisesse". Mas se você ler sobre as pessoas que fizeram grandes fortunas, descobrirá que suas paixões pelas suas atividades eram bem maiores que suas paixões pelo dinheiro. Elas não fizeram muito dinheiro por amar o dinheiro; fizeram-no por amar o que faziam. Imagine-se tendo mais dinheiro do que poderia gastar por toda a vida; imagine-se já proprietário de tudo o que deseja. E agora? O que aconteceria a seguir? Mesmo Bill Gates, a quem a paixão por sua atividade transformou no Michael Jordan dos computadores, decidiu haver algo em sua vida que era mais importante.

## Tome o seu tempo – transforme-o em seu tempo

Você surpreenderá a sua mente vagando, naturalmente, e em seu dia de pausa não poderá forçar-se demais a fixar-se em seu tema. O tema é você, e sempre estará presente, às vezes mais do que nunca, quando menos esperar. Você encontra-se presente para a grande viagem.

Entretanto, se começar a pensar nas contas e na lavanderia, retome seu diário. Nele, você já começa a trabalhar-se muito bem. Você pode pensar sobre qualquer um dos três "p", mas para alguns é mais fácil começar pelas prioridades – elas são o que você deseja alcançar em primeiro lugar, são os eventos ou objetos mais próximos de seu coração, e neles você provavelmente já pensou.

Digamos que você tivesse escrito que quer perder peso. Você riscaria isso e escreveria: "Quero ser uma pessoa esbelta e saudável" – pois agora já sabemos que sempre é melhor pensar nas coisas de forma positiva. Bem, ser esbelto e saudável é algo bom, certo? Muitos de nós não escreveriam: "Quero ser tão gordo que, no restaurante, precise de dois assentos para sentar-me". O que impediria alguém de sê-lo? Falemos a sério. Que eventos o impediriam de ser esbelto e saudável? Você poderia mesmo separar este anseio em duas prioridades: "Quero ser esbelto" e "Quero ser saudável". E de que forma você desejaria ser esbelto? Pele e osso? Magro e médio? O suficiente para entrar em suas velhas roupas?

Assim, você teria de pensar em todas as formas para alcançar esse objetivo: comer menos, comer menos freqüentemente, comer diversos alimentos, exercitar-se mais, mudar as horas das refeições. E aproveitar a idéia de que pode controlar seus hábitos alimentares de formas diferentes. Nos próximos capítulos, irei fornecer-lhe mais instrumentos para transformar as suas coleções de idéias em um plano – para o futuro – concentrado e confortável.

*A vida não é uma prova de velocidade, é uma maratona.*

Pensar em suas paixões pode ser um dos melhores momentos do dia. Se você continua a perturbar-se ao sentir entusiasmo por algo, provavelmente é por ter passado muito tempo a trabalhar pelas paixões de outros, ou por ter perdido a confiança em suas habilidades. Pergunte-se o que faria se pudesse fazer qualquer coisa e soubesse que viria a ser um sucesso no que viesse a fazer. Em que tempos você se sentiu feliz? Se alguém lhe desse todo o apoio financeiro de que precisa, que atividade começaria? Que novas coisas aprenderia? Se pudesse fazer qualquer coisa que quisesse na companhia de seu melhor amigo, o que faria? Se desse a si mesmo um prazer especial, qual seria? Para onde iria? Lembre-se, esqueça-se do fazer dinheiro ou das responsabilidades com a família, ou mesmo das dores e sofrimentos. Dê atenção especial às coisas que ressaltou, ao escrever a sua lista de desejos. Freqüentemente lhe acontece ver melhor quando está buscando outro lugar.

Explore as coisas que gostaria de fazer, mas que parecem absolutamente fora de questão. Você pode querer viajar à praia ou explorar a floresta – coisas que não pode fazer sem parar para pensar. Mas tome nota dessas coisas que parecem impossíveis ou ridículas – elas podem ser precisamente as coisas em que precisa pensar seriamente. A outra máxima desse dia é: Tudo é possível. Se você puder encontrar a sua idéia divina, poderá fazê-la acontecer, não importa qual seja a sua dimensão. Há grandes eventos esperando acontecer para você, eventos tão extraordinários que você mal poderia imaginá-los.

No primeiro capítulo, pedi para você sublinhar um de seus desejos – o desejo pelo qual estaria disposto a mudar de vida, para realizá-lo. Se ele for algo a que você realmente se devotou, provavelmente combina propósito, paixões e prioridades. Agora, escreva todas as razões de não poder realizar esse desejo hoje, todas as coisas que o impedem – dinheiro, família, tempo – e todos os sentimentos que o tornam relutante, resistente ou extremamente desencorajado. E não se preocupe, pois lhe falarei do próximo conjunto de instrumentos de que precisará para ultrapassar cada um e todos esses caminhões na estrada de seu sucesso.

---

*A fé é acreditar naquilo que você ainda não vê;*
*a recompensa da fé é ver aquilo em que você acredita.*

– Santo Agostinho

---

Seu dia de pausa será extenso, tenho certeza. Se você fez ao menos a maioria das coisas que sugeri, trabalhou bastante. Se não, mesmo assim pode ter realizado mais do que deseja na maioria dos dias de trabalho. Como disse, no dia seguinte à pausa, suspeito que você retornará ao trabalho com uma curiosa sensação de estar renovado. Começará a ver de outra forma o que está fazendo e talvez veja outra forma de fazê-lo. Em sua mente haverá um novo conjunto de valores e princípios.

Em seu dia de pausa você dá o primeiro passo para tornar-se uma nova pessoa. Planta uma semente que continuará a crescer até se tornar verde. Esse dia não será o fim de seu trabalho para encontrar o seu propósito e realizar a sua paixão, mas concentrará o seu pensamento e o tornará mais alerta para os momentos que realmente serão decisivos em sua vida.

Ao fim desse dia de pausa, haverá muitos pensamentos em seu diário, ou apenas um. Você poderá não ter escrito nada, o que pode significar simplesmente que você precisa adormecer e despertar para escrevê-lo. Ou os diversos pensamentos podem ser na verdade apenas um, ou o único pensamento pode ter diversas partes. Ou seja, você pode não encontrar-se no fim de sua jornada, mas terá dado o seu primeiro passo. Parabéns. Terá iniciado a jornada que transformará a sua vida para sempre.

Decida assumir o controle de sua vida.

Utilize o tempo para si mesmo.

Deixe de esperar por aprovação: comece a criar – a sua eternidade encontra-se em suas mãos.

## O DIÁRIO DE SUA VIDA PLENA

Este capítulo fará uso de grande parte do trabalho que você já fez, mas aqui há mais algumas perguntas que podem auxiliar a sua mente a começar a criar.

Quais são os seus talentos e habilidades? Quais são as coisas que levam as pessoas a parabenizá-lo? Que ações mais lhe dão orgulho, ao terminá-las?

________________________________________

________________________________________

________________________________________

Qual é a melhor coisa em você?

________________________________________

________________________________________

________________________________________

O que você mais gosta de fazer?

________________________________________

________________________________________

________________________________________

O que você menos gosta de fazer?

Escreva uma breve autobiografia de sua vida plena. Lembre-se, em seu dia de pausa, de que o céu é o limite.

Quais são as coisas que você realmente, realmente deseja fazer, mas não imagina que algum dia venha a ser capaz de realizar?

Que propósito você desejaria buscar, para colher amanhã?

# 5

# Deixe a festa começar

Hoje você começará a ser a pessoa que deseja ser. Hoje. Não amanhã, nem na próxima semana, mas hoje. Possivelmente, você já ouviu a frase: "Hoje é o primeiro dia do resto de sua vida" – mas não desejo que você pense desta forma. Hoje é o primeiro dia de sua vida. Este dia é novo e original, pleno de promessas e esperanças, e é tempo de aproveitá-lo ao máximo. Você tomará o poder de sua vida com a confiança e a gratidão. Não quero que você viva a sua vida um dia de cada vez. Hoje é o primeiro dia de seu caminho para o sucesso.

Você já alcançou uma grande meta. Começou a compreender o que deseja fazer (o seu propósito), o que pode fazer para realizar esse objetivo (as suas paixões) e como deseja fazê-lo (as suas prioridades). Começou a usar a imaginação, de forma que ela possa mostrar-lhe para onde você irá e como superará os obstáculos em seu caminho. Aguçou e concentrou a fome que só pode ser satisfeita com o alimento certo para você. Agora é tempo de escolher e pedir a refeição certa.

## Posicione-se para viver plenamente

O primeiro passo para assumir o controle de sua vida é utilizar o trabalho que você fez visando à vida plena, e começar a situar as metas concretas para si mesmo. O que aconteceria se você despertasse de manhã e dissesse: "Não sei quem sou e não sei para onde vou, mas estou ficando realmente, realmente louco, pois eu não estou aqui, não estou em parte alguma?" Assim seríamos nós, se não tivéssemos metas.

---

*Um homem sem propósito é um barco sem leme.*
– Thomas Carlyle

---

Trabalhando comigo até aqui, você já terá algumas idéias sobre as metas que precisa estabelecer. De fato, possivelmente terá diversas espécies de metas. Há metas imediatas e há as de longo prazo. Há metas que são passos para outra meta; e há metas que dominam todos os demais aspectos de sua vida. Você pode ter metas nas dimensões pessoal, social e financeira de seu mundo.

As metas podem assemelhar-se a um quebra-cabeça, enquanto se relacionam entre elas. Mas como trabalhamos com elas, irei dar-lhe algumas idéias de como colocá-las na ordem mais apropriada para você. Não se esqueça de que nosso tema é a sua vida e os seus desejos, não os meus. Você está criando o seu próprio cardápio pessoal.

Mesmo que você não tenha uma meta a chamá-lo, darei algumas idéias de como colocar as metas em uma ordem apropriada para você. Mas pergunte-se por que não há uma meta a destacar-se. Você é a espécie de pessoa que tem uma mente estável? Ou é alguém que muda de idéia, de um dia para outro, sobre o que parece ser importante? Ou talvez, quando você começa a pensar em uma meta que realmente o atrai, de repente isso parece exigir muito esforço?

Se algum desses sentimentos o detém, lembre-se dos ingredientes-chaves para o sucesso dos quais nós falamos no terceiro capítulo: imaginação, concentração e coragem. Vamos aplicá-los à situação presente.

- Imagine as suas metas tão claramente quanto possível. Talvez, se nenhuma parece particularmente forte, você não tenha realmente visado todos os benefícios e recompensas que pode obter delas. Talvez possa pedir auxílio a um amigo ou parente.

- Concentre-se em uma das metas. Certamente há algo que pode entusiasmá-lo; se não houvesse, você não poderia escrever sobre alguma coisa que o entusiasma. Lembre-se, você não irá transformar toda a sua vida de uma só vez, mas apenas uma parcela que não o satisfaz. E esta não será a última realização de sua vida; assim, não precisa ser algo que irá abalar o mundo; deixe isto para mais tarde.

- Tenha a coragem de comprometer-se. Você não está tomando uma vacina contra sarampo – está fazendo de sua vida um espaço-tempo melhor para viver. Não importa o que aconteça, você se sentirá melhor em relação a si mesmo. Eu lhe asseguro. Realmente! Quando você comprometer-se a aperfeiçoar a vida, quando agir segundo os seus valores, e não segundo as suas tarefas, quando sentir a excitação de uma meta vindo a realizar-se, você já terá transformado a sua vida em um evento melhor.

Você pode mesmo decidir que sua primeira meta será aperfeiçoar a imaginação, desenvolver a habilidade de concentrar-se, ou encontrar a coragem que se encontra em seu interior, bem como no interior de todos. Você pode observar muito, limitando-se a assistir, disse uma vez Yogi Berra, em uma situação um pouco diversa. Mas você pode observar muito de si se assistir o que sente e o que pensa em cada estágio desse processo de mudança, e aprender como acontece a mudança.

Você também pode utilizar o que chamo de técnica do oculista. Talvez você tenha a visão perfeita; assim, vou explicar-me. Quando você vai ao oftalmologista, ele coloca um par de orifícios de observação cercados por uma grande armação plástica à sua frente. Ele coloca um par de lentes no lugar e você precisa olhar através delas; então ele aponta uma das lentes para outra direção e fala: "Qual é melhor, esta ou aquela?" E você lhe responde. Então ele muda novamente uma das lentes e pergunta de novo: "Esta ou aquela?" E assim você permanece comparando uma lente com outra, até encontrar precisamente a correta.

Você pode fazer o mesmo com as suas metas. Tome a primeira e a segunda. Qual lhe parece melhor? Quando você fizer uma escolha (e você sempre pode fazer uma escolha), compare a meta escolhida com a próxima em sua lista, e assim por diante, até ter uma única, ou talvez duas, que deseja experimentar.

---

*A organização das metas desencadeia um poder inacreditável.*

– Robert H. Schuller

---

Se você for um fã de esportes, pode organizar as suas metas em uma grade, como nos campeonatos de tênis, ou nas finais de basquete, ou da copa do mundo de futebol, nas fases chamadas "mata-mata". Faça-as jogarem em pares e escolha a vencedora de cada par, então faça as vencedoras se enfrentarem e escolha entre elas, até chegar à campeã.

Veja os retratos, desenhos e vídeos da forma como deseja ser, da forma como deseja ver, da forma como deseja viver. Coloque-os onde pode vê-los durante o dia. Eles são seus quadros de sonho, seus quadros de visão, o que o auxiliará a manter-se concentrado e consciente do que almeja.

Você pode querer começar por uma meta que se encontra elevada em sua lista de prioridades, mesmo se ela for tão simples como limpar o armário ou aprender a jogar tênis. Não descarte as pequenas realizações, pois elas podem levar às grandes. Ou pode eleger uma meta a ser realizada, digamos, na próxima semana. Quando você começar a realizar, ganhará confiança e buscará caminhos cada vez maiores a se sucederem. Como tudo o mais, vencer pode se tornar um hábito.

## Concentre-se nos detalhes

A primeira regra na organização das metas é sermos específicos. O que não o surpreenderá, pois você já exercitou esses músculos ao explorar seu propósito, paixões e prioridades. Você já se tornou mais forte e realizado; agora, está pronto para começar a sua escalada. Tem uma idéia clara do que vem a ser a sua meta última e, possivelmente, também dos outros objetivos que terá de realizar em primeiro lugar.

---

*Deus está nos detalhes.*

– Michelangelo

---

Se não tem essa idéia, faça o exercício que praticamos no capítulo anterior. Liste todos os obstáculos que podem impedi-lo de realizar a meta. Seja realista e honesto consigo mesmo. Se não o for, a única pessoa que estará enganando é a si mesmo. Você pode afirmar desejar um trabalho melhor, mas sentir que precisa vestir-se melhor e não querer comprar novas roupas até perder algum peso. Ora, vamos. A menos que sua meta seja tornar-se um modelo de alta moda, essa forma de argumentar é uma coleção de desculpas. Você pode conseguir um trabalho melhor; assim, terá a confiança necessária para perder peso e poder comprar melhores roupas. Você estaria imaginando essas barreiras por ainda sentir medo de mudar?

Ser realista não significa desistir de seu propósito ou não persegui-lo no mais alto nível. Lembre-se, sintonize a Rede Tudo é Possível. Ela só é realista para reconhecer que você contém promessas. Há um campeão em seu interior, pois você é feito à imagem de Deus e Ele não o deixará cair.

Uma vez eliminadas as escusas e ajustadas as suas metas a um alvo realista, os demais obstáculos simplesmente se curvarão às suas metas imediatas. Você não sabe o suficiente sobre música para começar a compor? Bem, faça um curso. Você não tem tempo suficiente para começar a escrever um romance? Crie algum tempo e tente. Você não tem dinheiro suficiente para comprar o barco dos sonhos? Utilize os seus talentos para ganhar mais. Você pode fazê-lo. Eu disse que irei desafiá-lo e você irá descobrir-se redefinindo quem é, em maior ou menor escalas. Você se tornará a pessoa que começa a fazer as coisas, assim: "Eu não sou uma pessoa que perde essa hora extra na cama, de manhã. Vou me levantar e fazer algo".

---

*Seu compasso interior busca levá-lo a uma viagem fantástica.*

---

Você começa a fazer algo. Não tudo, mas alguma coisa. Um dos erros que muitos de nós cometemos é pensar que realizar uma meta é manobra de um só passo. Nada mais errado. As metas têm processos de múltiplos passos. Cada passo tem o potencial de levá-lo a novas direções ou levá-lo a um novo nível de realização. Isso pode soar desalentador, mas cada passo que você realiza com sucesso provoca um sentimento de grande satisfação e crescimento. Você se descobrirá olhando adiante para descobrir novas sendas, desfrutando da forma como pode controlá-las e delas tirar vantagem.

Você deve agir para fazer nascer o desejo que Deus colocou em seu interior. Gosto de falar que você está grávido das sementes do sonho divino. Pode ser uma gravidez planejada, ou pode acontecer-lhe inesperadamente, pois a vida se sucede dessa forma. Você leva tempo para saber o que está acontecendo, para ter intimidade com essas sementes, para comunicar-se com elas através de estudo e prece. Você aprenderá, como uma mulher a ler *O que esperar quando você está esperando*. E haverá surpresas e dores de crescimento; dar à luz não ocorre sem dificuldades, embora haja alegria a cada momento. Você começará a estender-se e crescer e, às vezes, irá sentir-se incômodo e embaraçado. Mas desejará ver nascer esse sonho – e descobrirá uma forma, se preparar-se e deixar acontecer. Posicione-se para receber, não para resistir.

Suponha que você é um vendedor em um beco sem saída, mas ama roupas, ama falar de roupas com as pessoas, ama encontrar as roupas apropriadas para cada pessoa. Deseja ir para um lugar onde possa fazê-lo o tempo todo, e decide que terá mais chance de fazê-lo no topo. Isso é ótimo.

Alcançar o topo em sua empresa significa tornar-se o diretor de negócios, de *merchandising*. Agora – de forma realista –, você não pode ir diretamente do fundo do beco à direção dos negócios. Precisa concentrar-se nos meios de consegui-lo através de uma seqüência de metas intermediárias. Transforme o lugar onde se encontra no lugar onde deseja estar passo a passo. O nível abaixo do diretor de negócios é o de diretor de estoques. Abaixo está o chefe de seção, e assim por diante, até a etapa acima do lugar onde agora você está. A sua primeira meta é essa próxima etapa.

Pensemos nos instrumentos e conhecimentos que lhe serão necessários. Você faria cursos? Precisa encontrar pessoas? Precisa reorganizar o tempo? Quem pode auxiliá-lo? Tudo e todos que você conhece podem ser fontes de aprendizado sobre si mesmo. Busque em seu interior e em seu exterior. Busque mentores, sem temer pedir auxílio ao encontrar pessoas que podem comunicar-lhe experiências e desafiá-lo com novas idéias. Assim como o aço afia o aço, associar-se com outros sonhadores, transformadores do mundo e autores da história, irá auxiliá-lo a alcançar as suas metas com mais facilidade.

Vamos supor que você faça seu trabalho muito bem. Estuda, conhece empresários e conversa com eles. De fato, pode surpreender-lhe como essas pessoas são úteis, mas você também pode descobrir que o diretor de negócios não perde muito tempo falando sobre a aparência das pessoas. Ele passa muito tempo no computador, observando folhas de cálculos de programas como o Excel, gritando com os diretores assistentes e gerentes. Coisas que você odiaria fazer: efetivamente, sendo honesto sobre as suas prioridades e paixões, você sabe que nem sequer deseja vir a ser um bom realizador de tarefas como essas.

Você está atônito. Sente-se perdido. E agora?

Agora você passa a utilizar ainda mais todo o trabalho que já teve. Você contempla as suas paixões e propósito novamente e percebe: na verdade, gosta de falar com as pessoas sobre roupas e de descobrir belas roupas para as pessoas vestirem. Desde que fez algumas pesquisas, ouviu falar de lojas personalizadas, mas sentia-se distante delas, pois o que tinha de fazer era empurrar aos clientes as roupas que a loja precisava vender naquela estação. E isso lhe pareceu sinistro e desonesto, pois você realmente deseja ajudar as pessoas, não limitar-se a arrancar-lhes dinheiro.

Você sabe claramente qual é o seu propósito.

## Destelhando os seus sonhos

Assim, você contempla novamente as suas paixões e faz algo absolutamente essencial e maravilhoso: destelha os seus sonhos. Começa a pensar grande em pequenos lugares, criando a melhor vida que pode imaginar. Muitas vezes, prendemo-nos nas teias das responsabilidades cotidianas, dos estresses do trabalho e das expectativas dos colegas e amigos. Essas idéias do que podemos e precisamos fazer são como muros ao nosso redor. Os muros crescem tanto que nada podemos enxergar além deles. Precisamos demolir esses muros, através de perguntas como "Por que não posso fazer o que desejo? Quem disse que é impossível?" Não há limite para o possível – e é simplesmente desta forma que o mundo foi feito. Seu trabalho é aproveitar a ausência de limites.

Assim, você faz sala para o grande, bem como uma família limpa a garagem para fazer sala a um carro novo. Você decide se irá construir a vida falando às pessoas sobre as roupas de cada loja, de cada lugar, e informando-as do que podem vestir, se deve ser o que as lojas empurram naquela estação ou não. Nisto pode haver brilho e maravilha, pois você pode fazer o trabalho necessário para vir a ser brilhante e maravilhoso. Você pode acreditar em sua idéia que vem de Deus, mais que nas idéias das outras pessoas ou em caixas de gráficos financeiros. Você pode destelhar os seus sonhos e alcançar as estrelas. E as estrelas podem se curvar e lhe falar: "Bem-vindo".

A idéia o excita tanto que você se lança ao esboço dos detalhes. Precisa saber vender; precisa conhecer a moda e as lojas; precisa conhecer as pessoas que podem contar com um consultor de moda pessoal.

Você chegou a um dos passos mais importantes, talvez o mais importante, na organização das metas: tornou a idéia real para si mesmo. Pode vir a realizá-la. Vê alguém vagando através de seu departamento e pensa: Sei exatamente o que ela precisa para parecer bela. A imaginação e a concentração criam a coragem de você seguir adiante e começar a conversar. A princípio, a cliente desconfia – "Tenho de ir buscar meu filho na escola" –, enquanto você está tão genuinamente entusiasmado que ela logo se deixa vencer, especialmente quando você a leva a outro departamento, onde se encontram as roupas que melhor se assentam. Ela precisa ir buscar o filho, mas pede-lhe seu cartão. Ninguém jamais lhe perguntara seu nome, muito menos pedira seu cartão. Você fala não ter um cartão, mas informa-lhe o seu horário de trabalho e conta-lhe que ficaria feliz em vê-la novamente.

*As coisas que mais importam nunca devem estar à mercê das coisas que menos importam.*

– Goethe

A cliente parte e você sente o corpo formigar. Olha ao redor para ajudar mais alguém e percebe: não está em seu departamento e seria melhor voltar logo. Mas deseja que essa sensação – de conexão, realização, diversão e aventura – não termine jamais. Nunca estará satisfeito, pois pode agir assim o dia todo, todos os dias.

Parabéns. Você alcançou o nível do divino desespero. Mas então se lembra das regras de Tim e especifica o que deseja e como consegui-lo. Tornar-se gerente da loja permite-lhe conhecer melhor os clientes. Faça o mesmo em outra loja, e em outra mais. Trabalhando como subordinado, você vê que terá de sintonizar o senso de moda de sua cidade – ler os jornais, as revistas locais. Espere, você terá de conhecer todas as pessoas que influenciam o gosto da cidade ou, ao menos, boa parte delas. E antes terá de aprender sobre vendas, e antes... Você compreende a idéia.

Você será específico; buscará o que precisa saber; visará a vida que levará quando tornar-se um comprador pessoal bem-sucedido e passar os dias fazendo as coisas que ama e auxiliando outras pessoas a parecerem tão belas quanto possível – e sentirem-se um pouco melhor em relação a si mesmas, devido à sua atividade.

Você cria o marco zero em relação a aonde irá e por quê. Agora figuremos quando e como medir o seu progresso. Como disse, você precisa ser específico. A primeira coisa a fazer é estabelecer marcos a assinalar os seus fatos memoráveis. Torne as suas metas mensuráveis. De outra forma, nunca estará certo de tê-las realizado. Precisa saber precisamente para onde vai. Se desejar perder peso, decida quantos quilos quer pesar ou que medidas de roupas deseja usar. Se desejar ganhar mais dinheiro, decida quanto mais a cada ano, para um número específico de anos. Se desejar aprender a tocar piano, imagine quantas horas por semana pode devotar à pratica e aos cursos musicais.

Mesmo se sua meta for criativa, como aprender a pintar, você pode determinar quantas horas por semana pintará. E não apenas: pode estabelecer marcos de milhas, como fazer parte de uma mostra de arte local, expor em uma galeria da cidade ou terminar uma obra a cada trimestre. Começando a pensar nesses termos, você será surpreendido pela forma precisa e específica que as suas metas podem alcançar – pois elas são suas e somente suas. A inspiração criativa não pode ser prevista, mas é possível dar-lhe um bom impulso. Grandes artistas não esperam pela inspiração para agir; pintam, escrevem ou cantam em dado número de horas a cada dia, e assim desencadeiam a inspiração. Se você buscar muito encontrar Deus, Ele encontrará você.

Outro aspecto importante dos marcos específicos é você buscar alcançá-los. Zig Ziglar disse: As metas são "sonhos com limites". E o que você está fazendo vêm a ser as suas linhas da vida, do encontro, do vivo, dos encontros a levá-lo a viver a sua vida plena. Você decide se correrá uma distância em menos de quinze minutos nessa época do próximo ano. Ou se terá um papel em um programa de televisão, no horário nobre, dentro de cinco anos. Marque o limite de cada etapa intermediária em seu plano.

---

*A sorte é o encontro da preparação com a oportunidade.*
– Oprah Winfrey

---

Precisamos ser realistas também em relação aos marcos e tempos. Você precisa sentir-se desafiado a alcançar essas metas.

Ambas as palavras são importantes – a meta precisa ser tanto realista quanto desafiadora. Sem o desafio, não haverá recompensa. Se estabelecer a meta de ler *Guerra e paz* de Tolstói durante os próximos vinte anos, não terá nenhum sentimento de satisfação ao alcançá-la. Pode ter esquecido o início quando chegar ao fim. Sempre digo: se você almejar nada, possivelmente vai consegui-lo. Se almejar muito pouco, atirará no próprio pé.

As pessoas geralmente têm duas reações ao estabelecer metas específicas em termos de tempo e realização. Algumas não se satisfazem com elas. Um amigo meu escreveu todas as metas que pretendia realizar nos vinte anos seguintes. Foi claro e específico sobre cada uma delas e sobre como iria persegui-las. Agora, cinco anos depois, já realizou mais da metade de suas metas.

Mas não deixe o estabelecimento de metas se transformar em sua meta – essa é precisamente a outra forma de lidar com os objetivos. Suponha ter-se descoberto planejando persistentemente, refinando os passos constantemente, e reajustando seus planos diariamente. Pare e pense – isso não lhe diz nada? Se você desfruta o plano mais que a realização, precisa incluir o planejar em seu pensamento sobre as suas paixões e prioridades. Há muitas grandes oportunidades para alguém que pode escrever planos coerentes, concentrados e úteis. Disto você pode extrair todo um futuro. Como você cria seu caminho através do banquete da vida, nada se perde jamais se você emprega o tempo a utilizá-lo. Lembre-se, Deus está em toda parte em sua vida. Ele não fala: "Tenho de ir. Até a próxima quarta-feira". Tudo o que você faz, sem esforço e efusivamente, é uma expressão de sua idéia divina.

Mas outra reação a metas específicas, realistas e mensuráveis é algo que já vimos antes e veremos novamente – o temor. De repente, a idéia de mudar – de alcançar objetos e eventos que você sempre imaginou serem apenas sonhos, de desafiar-se a si mesmo por algo que realmente lhe importa – torna-se real.

Você precisará vir a ser a pessoa que realiza esses objetos e eventos. Isso é bom; não seja embotado por esse temor, mas saiba visar o futuro. Você começa a compreender que pode mudar a sua vida – essa realidade leva-o a temer, e assim você precisa dar um passo adiante. Enfrentar os desafios, permanecer unido a seu propósito e às suas paixões e aceitar o fato de que a mudança o desafiará vêm a ser uma das etapas mais relevantes de todo o processo. Quando você puder realmente percebê-lo, descobrirá que o seu fervor por alcançar o futuro começará a superar o temor.

## MOTIVAÇÃO + CONCENTRAÇÃO = CORAGEM

Imagine que alcançou uma de suas metas – tornar-se um gerente de vendas a domicílio. Você fez todos os esforços, foi um ás nas entrevistas, confiou em poder fazer o trabalho, e um dia o chefe chama-o ao escritório e lhe dá os parabéns pelo seu novo posto. Agora você tem um novo escritório. Tem um secretário. Mas de repente todas as boas amizades que você construiu no trabalho transformam-se. As pessoas que habitualmente eram seus iguais agora são seus subordinados. Você tem outros subordinados que estão na empresa há mais tempo que você. Alguns deles começam a queixar-se de você. Que fazer?

---

*Não há esperança sem medo, nem medo sem esperança.*
*– Espinosa*

---

As pessoas buscam continuar a ser o que eram antes, habitual e infelizmente. Em vão. Você pode ser um chefe amigável, mas não pode ser um amigo em dado momento e um chefe no momento seguinte. Precisa aprender novas formas de relacionar-se com as pessoas, e para fazê-lo precisa enfrentá-las. Sente-se com cada uma delas individualmente e fale sobre essa nova relação. Diga que buscará ser justo, mas também demandará o melhor de cada um. Elas gostarão de sua franqueza e você irá sentir-se mais à vontade ante os diversos desafios que vai encarar.

Se não aprender a enfrentar seus colegas, a encarar seu novo trabalho e a enfrentar o desafio de vir a tornar-se um novo ser, jamais realizará algo. Não se apresse. Pense nessas metas durante alguns dias. Reveja-as até sentir-se à vontade. Você pode simplesmente ter se desafiado com demasiada velocidade. Mas também não volte atrás; você deseja mudar, e pode mudar.

Tudo isso é parte de outro momento culminante na organização de metas verdadeiras: preparar-se mental, física e emocionalmente para alcançar plenamente as suas metas. Você já começou a preparar-se mentalmente, ao escrever as metas e torná-las específicas, mensuráveis e realistas.

Pense no tipo de vida que terá ao realizar sua meta. Veja-se em seu sucesso. Pense nessa vida futura no tempo presente, como se já se encontrasse nela e desfrutasse as delícias de seu bem suceder-se. Como você vê esta vida? Como você está vestido? Onde está morando? Que tipos de pessoas estão com você? Pinte tudo isso em ricas cores e texturas. Imagine as dificuldades e desafios e pense em como irá enfrentá-los. Aproprie-se de seu tempo – quanto mais verdadeiro puder tornar esse porvir, mais rápido ele virá a ser realidade, a sua realidade.

A visualização também pode auxiliá-lo a evitar os passos perdidos e contratempos no caminho da meta. Imagine ter se decidido a deixar de fumar: decidiu quando deixará o cigarro, pelo que o substituirá, como se sentirá ao não fumar mais. Você sabe: há momentos em que é difícil resistir, há situações que deixarão as tentações deslizarem, há pessoas que irão, sem pensar, colocá-lo em posição de absorver aquela fumaça na próxima semana.

Assim, ao trabalhar o visar-se como não-fumante, pense nessas situações. Você sabe, desejará fumar depois de jantar. O que fará quando essa urgência exclamar? Irá dar uma volta? Telefonar a um amigo? Mascar algo? Seja o que for, deixe-o pronto e tire-o do bolso ao terminar o jantar. Você sabe que haverá uma festa da empresa na próxima quinta-feira e quem deseja fazer carreira precisa comparecer. Também sabe que em uma festa desejará fumar. O que fará? Explique polidamente que deixou de fumar. Tenha prontos gomas de mascar, doces e salgados. Dê uma volta na quadra. Talvez consiga em tempo, com o organizador da festa, que haja uma seção para fumantes e outra para não-fumantes.

Importa é que, se você pensar antecipadamente e visualizar o futuro tão clara e detalhadamente quanto possível, poderá liquidar essas tentações e momentos de fraqueza. Mas você precisa estar preparado; precisa estar munido de sua alternativa, de seus prazeres substitutos, mesmo antes de as tentações ocultas revelarem-se.

Imagine despertar de manhã imaginando: Como será minha vida quando eu alcançar o meu objetivo? Então, lembro-me da amiga de minha irmã, a ganhadora da medalha olímpica. Todas as manhãs, ela despertava sabendo que passaria quatro horas nadando. Você concorda com esse tipo de dedicação? Imagine que vamos à nossa compradora pessoal. Ela pode passar horas nas lojas de roupas, com os seus clientes. Alguns desses clientes possivelmente serão difíceis e exigentes. Provavelmente haverá dias em que ela ganhará apenas o suficiente para pagar as contas. Haverá dias em que ela faz folhas de cálculos e se aborrece com os números como o diretor comercial? Pode apostar. Mas há uma diferença: ela o faz de forma que possa vir a fazer o que mais ama.

Nossa compradora pessoal precisa estar segura de si e confiante em suas habilidades – ao menos em relação a seus clientes. Pode precisar trabalhar duro para encontrar novos clientes, ao menos no início. Possivelmente há momentos em que ela se espanta por ter arriscado tanto pelo que faz. – As dúvidas nos assaltam a todos, mas alguns sabem como responder-lhes e como ultrapassar dúvidas, preocupações e incertezas. – Ela pode fazer uma lista de seus recursos – dos meios de encontrar novos negócios.

Enfim, esteja certo de encontrar-se fisicamente preparado: descansado, fortalecido, bem alimentado, exercitando-se regularmente. Esteja seguro de que não estará tão estressado que se fatigará e perderá a concentração e o foco. Se precisar preparar-se de alguma forma, faça-o segundo seu plano.

A imaginação, a concentração e a coragem são os combustíveis de sua chama, o aço que constrói uma casa onde seu sonho será verdade. Sem elas, você não tem chances de transformar a vontade em realidade. Delas nascem as qualidades necessárias para realizar o propósito: a motivação, a persistência, a determinação, a dedicação. Nada pode ser mais importante do que alcançar o que você deseja. O que não vem a ser egoísmo. A caminho – e quando chegar a seu porto de destino –, você estará ajudando outras pessoas. A quem você ajudará sentado, vendo tevê o dia todo? O aspecto que fará tudo acontecer é o seu total engajamento em seu objetivo.

Quando compreendi, pela primeira vez, esses elementos essenciais para realizar o que esperava vir a ser, senti-me submerso. Supersubmerso. Supersubmerso. Eu organizava metas que incluíam anos de estudos, antes de vir a ser um reverendo ordenado. As pessoas que me conheciam imaginavam que eu estava louco. Falavam: "Ele não vai fazer nada disto. Quem esse Tim Storey pensa que é?"

---

*O trabalho é amor feito visível.*

*– Kahlil Gibran*

---

Não foi fácil. Exigiu muitos anos e muitos esforços. Mas realizei as metas. E não sou especial. Aquelas pessoas hoje estão chocadas. Vim a ser a pessoa que desejava ser e descobri ter toda uma página de novas metas a alcançar. Isso soa deprimente? Não, é excitante: é viver uma vida plena, é ter uma idéia divina. Quando alcançamos uma meta, temos mais duas ou três esperando-nos ao lado, bem como algumas metas antigas que ainda não realizamos completamente. Talvez elas ainda sejam as mesmas. Talvez precisemos ajustá-las às novas formas e circunstâncias de nossas vidas. Nossas metas precisam ser flexíveis, mas desistir delas, jamais.

O passo final na realização das metas é torná-las públicas. Escrevê-las é uma ótima forma. É como fazer um contrato consigo mesmo. Como sempre, busque tornar as cláusulas do contrato bastante específicas. E deixe uma cópia das metas ao alcance. Coloque-as em um cartão em sua carteira ou no canto do espelho. Diga a meta em voz alta para si mesmo. Diga-a da forma como a compreende. De manhã, olhe no espelho e diga-a novamente. Pergunte-se o que pode vir a mantê-lo distante da meta. Esteja alerta a essas barreiras. Quando uma delas estiver no caminho, recorde-se da meta. Relembrá-la o manterá concentrado.

Há outra forma de publicar as metas: contá-las aos amigos, à família, a todos a seu redor. Dê-lhes os detalhes do que fará e quando. Faça-os vir a ser parte de seu sonho, como apoiadores ou parceiros. Quanto mais você fala das metas a outras pessoas, mais reais elas vêm a ser.

Não espere encontrar-se onde deseja estar no prazo de um dia, uma semana ou mesmo um ano. Mas lembre-se, a cada passo que der, encontrará novas energias, nova vivacidade. Cada nível contém níveis intermediários, e todos esses degraus lhe trarão inestimáveis recompensas.

- Crie metas concretas.
- Seja específico ao exprimir como alcançar as metas.

- Torne as metas públicas – escreva-as, comunique-as aos amigos e à família.

## O DIÁRIO DE SUA VIDA PLENA

1. O primeiro passo para transformar a vida, para impulsioná-la rumo a todos os alvos que você merece, inicia-se pela visualização precisa do que acontecerá quando você praticar as suas paixões segundo as suas prioridades, e de acordo com o seu propósito. Descreva o que acontecerá, com o que se parecerá, quais pessoas estarão em sua nova vida, como você equilibrará a vida pessoal e a vida profissional. Desfrute da transformação, torne-a real.

________________________________________

________________________________________

________________________________________

Agora, reproduza tudo o que espera realizar – apenas para iniciantes.

________________________________________

________________________________________

________________________________________

2. E agora, comece a escrever a receita para o seu sucesso. Quais são os ingredientes? Quais são os instrumentos, habilidades, conhecimentos e relacionamentos necessários para você realizar a vida plena? Não se preocupe com dinheiro, idade ou algo mais que possa vir a desencorajá-lo. Se a idéia: “Não posso fazer isto porque...” deslizar em sua mente, passe a esta próxima idéia: “Poderei fazer isto se dispor de...” Imagine estar escrevendo estes planos para outrem, se isto ajudá-lo. Ou escreva uma síntese de quem será você quando atingir a sua meta. Experimente pensar em alguém que está

fazendo, ou já fez, o que você deseja fazer, e busque descobrir como essa pessoa o conseguiu.

______________________________________________

______________________________________________

______________________________________________

3. Agora, observe cada um dos passos rumo a ser bem-sucedido e imagine como integrar o sucesso à sua vida. Este exercício cresce e se desenvolve ao lado de seu sonho. Se desejar algo que não sabe como obter, trabalhe este não-saber – mais uma vez, você precisará aprender uma nova habilidade, encontrar uma nova pessoa ou poupar dinheiro? Para cada problema que aparecer em seu caminho, escreva a solução.

______________________________________________

______________________________________________

______________________________________________

# 6

# Você tem tudo de que precisa

Agora você está preparado. Tem uma meta, sabe o que está fazendo e por quê. Pintado em sua mente, encontra-se o quadro a retratar como virá a ser a sua vida. A seguir, você precisa dos instrumentos e habilidades para alcançar a nova vida. Onde estão os seus pincéis? – o que usará ao pintar a paisagem vital? Que técnicas artísticas? O que tem de aprender agora para transformar a vida?

Sabe? – Você já tem tudo de que precisa.

Antes de atirar o livro pela janela, deixe-me acrescentar: embora já tenha tudo de que precisa, pode não ter utilizado as suas habilidades de forma contínua e consistente. Os dois aspectos necessários são a motivação e a persistência. Você não precisa ser um gênio. Nem ter talentos especiais. Nem levantar duzentos quilos. Mas ouça: se utilizar a motivação para persistir na busca de seu sonho, pode tornar-se um gênio, desenvolver talentos especiais ou mesmo levantar duzentos quilos, se o desejar de verdade. E se estiver trabalhando comigo e em seu caderno, já está utilizando esses instrumentos e desenvolvendo essas habilidades.

---

*A ninguém é possível voltar atrás e começar tudo de novo, mas a todos é possível recomeçar agora e reinventar a vida.*

– Anônimo

---

Deixe-me contar a história de um homem comum que realizou o que parecia ser impossível. Você já ouviu esse tipo de histórias antes, provavelmente. Mas não ouviu que você é o personagem da história. Não percebeu não haver diferença entre o personagem e você, embora o sujeito da história já tenha feito o que você fará. Quero que você ouça esta história e imagine-se dentro dela. Quero que você procure imaginar o que aconteceu e acompanhar W. Mitchell por onde ele for.

W. Mitchell (ele prefere não usar o prenome) vivia em São Francisco e aprendia a pilotar um avião; assim, poderia apreciar as belas montanhas de um ponto de vista especial. Um dia, ia ao trabalho cavalgando uma motocicleta muito nova, com extremo cuidado. Nem todos tinham esse cuidado. Um caminhão atravessou a luz vermelha do semáforo e veio na direção dele. A moto explodiu em chamas e Mitchell teve queimaduras em 65% do corpo. Seus dedos consumiram-se em chamas; seu nariz e orelhas desapareceram. Ele passou por dezesseis operações até os médicos conseguirem recriar a sua face. Mas Mitchell não podia deixar isso detê-lo.

Foi para o Colorado e começou a voar novamente. Ao lado de amigos, criou uma empresa de fogões a lenha. Então seu aeroplano caiu e esmagou-lhe trinta e duas vértebras, paralisando-o até à cintura. Mas W. Mitchell acredita, de todo o coração e mente, que "o que importa não é o que a vida nos faz. O que importa é o que nós fazemos da vida". Ele tornou-se o prefeito de Crested Butte, no Colorado. Elegeu-se para o Congresso com o lema: "Não é apenas mais um belo rosto". Casou-se e fez mestrado em administração pública. E afinal tornou-se um grande orador milionário. Nunca parou para lamentar seu destino. Nunca amaldiçoou os seus problemas, nem os embalou, nem os representou como uma peça para seus amigos. Revirou-os do avesso. Disse que antes de ficar paralisado podia fazer dez mil coisas. Agora pode fazer nove mil. Prefere concentrar-se nas nove mil coisas que pode fazer, não nas mil que não pode. Como fez isso? Com os mesmos presentes que também lhe foram ofertados.

*O carvalho vem a ser apenas seu fruto a agarrar o solo.*
– Fred Shero

Vamos parar e pensar em W. Mitchell. Posso apostar: se olharmos apenas o físico, você estará em melhor forma do que ele, provavelmente. Sim, confio nisso de verdade. Mas o que ele tinha em seu interior? Bem, fale você, é óbvio: – sobreviveu a terríveis acidentes. É verdade. Você pensa que lhe dá uma vantagem? Pensa precisar sofrer um terrível acidente para realizar o desejo do coração?

A adversidade pode agir, muitas vezes – pode levá-lo à consciência de que deve estar aqui com uma finalidade. Não lhe contei que W. Mitchell tem uma fé forte e profunda, mas não lhe peço para situar as suas realizações abaixo de sua fé. Peço-lhe que sinta o mesmo sentimento – o sentimento de estar aqui para realizar algo. Você pode sentir que algo em seu exterior, ou mesmo em seu interior, é cicatriz sem unidade e fora de forma. E então? Isso pode significar que você não pode fazer tudo o que deseja. Você pode superar as falhas e defeitos. Comece a utilizar a idéia. Você se lembra do que o capitão Picard, da série de tevê Jornada nas Estrelas, sempre falava a seus companheiros da nave Enterprise: "Faça-o assim". Se deseja algo, pode fazê-lo assim.

*Cada um é necessariamente o herói de*
*sua própria história de vida.*
– John Barth

A motivação e a persistência são as dádivas que Deus deu a todos, para que pudessem realizar as suas promessas. Mas, como em tantas coisas, não transformou as promessas em predeterminações para dominar as pessoas. Todos têm motivação e persistência, e todos podem utilizá-las, mas nem todos o fazem. Por isto estou aqui.

A motivação é o impulso que o leva para onde você deseja ir. Ela lhe dá a força de superar os problemas; leva-o a pensar de forma otimista; leva-o a seguir em frente num mundo às avessas. É a motivação que fala: "Vou atingir as metas. Neste ano vou sair do vermelho". Ela impede-o de ser intimidado, frustrado ou deprimido.

## Marque um encontro com os seus sonhos

Um dos mestres da motivação de pessoas, Dale Carnegie, disse que a única forma de alguém começar a fazer algo é querer fazê-lo. Então o que acontece quando você é a pessoa que deseja motivar-se? Como pode fazer-se querer algo? Como chegarmos ao ponto de fazer o difícil trabalho de mudar a nós mesmos? Falei no divino desespero, no capítulo 4. Como você deve se lembrar, o mau exemplo de meus tios foi o que me deu vontade de mudar de vida, e o bom exemplo que minha irmã me deu – a sua amiga que ganhara a medalha de prata em natação, nos Jogos Olímpicos – ajudou-me a compreender o que seria necessário. Esses acontecimentos deram-me a oportunidade de sentir o divino desespero.

Esse desespero motivou-me a imaginar como seria a minha vida plena, mas imaginar essa vida é uma forma de criar o divino desespero. É como chocolate – depois de sentir o sabor do futuro, não há retorno possível. Você tem feito o mesmo durante a leitura deste livro, se estiver me acompanhando. Observa a própria vida e busca em si o apetite que lhe dará o poder de desfrutar da vida plenamente. Escolhe o que mais deseja mudar em si mesmo. Imagina como parecerá e como se sentirá, ao ser uma nova pessoa. Em sua mente, já experimenta a plenitude.

---

*Se alguém avança confiantemente na direção de seus sonhos, esforçando-se para viver a vida que imagina, encontrará acontecimentos inesperados nos momentos comuns.*

– Henry David Thoreau

---

Qual é a importância da imaginação? Você ficará maravilhado com o que a imaginação pode fazer. A forma de pensar determina a forma como agimos. Segundo a Bíblia, "O homem é o que pensa". Segundo Shakespeare, "Não é nada, mas pensar o faz ser". Não é apenas uma opinião, é um fato. Quando você concentra o seu pensamento em uma idéia, excluindo todas as demais, essa idéia torna-se realidade.

Esse poder tem duas faces. Se os seus pensamentos estiverem cheios de temor e preocupação, a sua vida será instável, ansiosa e insegura. Se você só pensar no mal que pode acontecer, as coisas boas passarão longe de você. Se pensar que não merece vencer, nunca chegará em primeiro lugar. E nunca estará satisfeito.

Muitas pessoas disseram algo muitas vezes, o que significa ser provavelmente verdade:

Olhe os pensamentos, eles tornam-se palavras.
Olhe as palavras, elas tornam-se ações.
Olhe as ações, elas tornam-se hábitos.
Olhe os hábitos, eles tornam-se caráter.
Olhe o caráter, ele torna-se destino.

Fazemos a nossa própria realidade. E a fazemos a cada dia, a cada gesto, às vezes quando nem sequer percebemos que a estamos fazendo. A razão de eu insistir em que você pode imaginar o seu futuro ideal, visá-lo nos menores detalhes em que puder pensar, é esta: quanto mais vivazmente você puder vê-lo, quanto mais atraente ele for para você, maior será o poder de sua motivação. Você pode chamá-lo de poder da vontade, de força de vontade, tudo bem, mas não é uma força que o empurra; é um poder que você pode controlar, e se o fizer, ele o levará à direção que você almeja. O poder é seu.

Aprendi como a imaginação pode ser eficaz. Agora, utilizo-a o tempo todo, mesmo em coisas que parecem totalmente impossíveis, como encontrar moradia para todas as pessoas desabrigadas nos Estados Unidos, ou resolver o problema das gangues de rua nas cidades do interior. Sei que posso não realizar cada detalhe singular que imaginar, mas ouça: acho que trago algumas idéias que podem ajudar um pouco. Muito do trabalho que fazemos com a Fundação Sonhos de Storey acontece mediante esse tipo de pensamento ativo. Quando começamos, não fazíamos idéia de que grandes empresas, estrelas do esporte e celebridades viriam a nos ajudar a lutar com o problema das drogas, das gangues e outras questões das cidades interioranas. Mas vieram. Assim, digo, vá atrás, vá buscar. Vá em busca do ouro, e não se surpreenda se o encontrar.

---

*A mente é o limite. Enquanto sua mente puder acreditar que você pode fazer algo, você poderá fazê-lo. Enquanto realmente acreditar, 100%.*

*– Arnold Schwarzenegger*

---

Você pode ter experimentado esses exercícios e ter concluído que todo o projeto é impossível. Há tantas coisas a mudar, tanto trabalho a fazer, que você pode desistir de mudar o seu comportamento. Senti-me assim por um tempo, mas, como meu filho aprendeu no primeiro ano escolar, a forma de comer um hipopótamo é dar uma mordida de cada vez. Não pense que irá mudar tudo de uma só vez. Dê apenas uma mordida de cada vez.

## Controlando o subconsciente

Há certas astúcias que ajudam a manter a motivação elevada no mais alto nível. Escrever um contrato consigo mesmo é uma delas. Guardar consigo o cartão com a sua meta inscrita – e lê-lo – é outra. Contar à família e aos amigos os seus planos é outra. Todos esses recursos são formas adicionais de transformar a realidade a seu redor, conformando-a ao que você precisa para realizar a sua meta.

---

*Um hábito é um hábito, e não devemos lançá-lo pela janela, mas convencê-lo a descer um degrau de cada vez.*

– Mark Twain

---

Mas o que você pode fazer de mais importante é assumir o controle de seu subconsciente. Outro dia eu estava almoçando com alguns amigos. Tinha começado o que pensei ser um sólido compromisso de seguir uma dieta mais saudável. Tinha me permitido alguns salgadinhos, mas permanecia firme na dieta; pequenos deslizes não me incomodavam. Evitava comer açúcar e gorduras, limitando-me ao saudável. Queria deixar meu corpo em forma.

Sentei-me e minha mente consciente me disse: Tim, meu menino, você vai comer um sanduíche de peru, mais saudável do que bife, e tomar uma limonada. Vai ter uma refeição bem nutritiva. Deixei meus amigos pedirem primeiro, e estava pronto quando o garçom voltou-se para mim: "Vou querer", anunciei, "costelas e uma Pepsi grande". Surpreendi até a mim mesmo.

Nem sequer pensara em comer costelas até aquele preciso momento. Ouça: costelas e uma Pepsi grande.

O que houve de errado? Obviamente, meu subconsciente não adotara o meu programa; assim, era como se eu tivesse um babador ao redor do pescoço e molho de churrasco a gotejar nos braços. Foi uma lição para mim. É fácil olhar o cardápio da vida e decidir o melhor que você possa imaginar. Mas na hora de realmente agir para alcançar o melhor você pode voltar ao costumeiro, ao habitual, ao confortável. O habitual pode não ser bom para você, pode não ser o que realmente deseja, pode causar-lhe mais males do que benefícios, mas ali está você, sentado ante o prato costumeiro.

Agora, quando falo de costelas, falo em minha zona de conforto. Cresci comendo costelas, toda minha família comia costelas, algumas de minhas melhores refeições familiares incluíram costelas. Costelas são meu pecado alimentar. Nosso subconsciente não se importa com "a falha" alimentar – nem com uma vida falha. O subconsciente, na verdade, não pode ler o cardápio; nada sabe das outras escolhas, a menos que já as tenha experimentado. Não é capaz de desejar a mudança e seu campo de visão é muito estreito.

Talvez por isso seja tão poderoso; não precisa considerar as alternativas. Você precisa enganá-lo para ele aceitar uma nova idéia. Mas, por outro lado, precisamente por ele não gostar de mudanças, se você reprogramá-lo, induzi-lo a uma nova forma de ser, ele tenderá a seguir esse novo caminho.

No subconsciente há dois aspectos. Primeiro: dificilmente ele ouve. Você não pode limitar-se a falar algo no ouvido e esperar que seu subconsciente o ouça. De fato, mesmo sussurrar algo não dá muito certo, pois o subconsciente não sabe o que você quer dizer. Não, você precisa falar em voz alta e arrogante.

É importante para você ouvi-lo. Tente. Pense em alguma tarefa que adiou: limpar o armário, dar um banho no cachorro ou sair com as crianças para tomar sorvete. Diga que irá realizar em voz alta e firme. Diga-o novamente, e desta vez diga o que realmente quer dizer. Utilize as nossas recomendadas vitaminas cotidianas – marque uma hora, seja específico e positivo. Diga-se quando fará algo e quando deixará de fazê-lo. Escreva anotações para si mesmo e coloque-as no bolso. Se você tem família, traga-a ao projeto; diga-lhe: "Às quatro horas, vamos limpar o armário e deixá-lo brilhando. Talvez aqui haja um tesouro escondido". Veja o que acontece.

Freqüentemente, praticar alguma ação real pode ajudar. Não por acidente as pessoas que realmente estão prontas para deixar de fumar jogam fora o último maço de cigarros. Provavelmente deveriam jogar fora cada cigarro individualmente. Isso é algo a ser lembrado, pois não podemos passar todo o tempo pensando em nossa meta, por mais que lembremos dela. Por exemplo, se o entusiasma parecer esbelto e saudável, vá à sua despensa e jogue fora todos os doces e delícias que encontrar. Se descobrir-se a resistir – "Só vou deixar isto para quando tiver muita vontade" –, será isto que terá de jogar fora em primeiro lugar.

---

*Identifique o que o impede de ser grande. Então siga em frente e transforme as suas fraquezas em forças.*

– Terry Bradshaw

---

Certamente, haverá momentos em que se sentirá tentado, mas torne mais difícil obter o objeto da tentação. Isto também lhe dará mais tempo para reconsiderar. Se a sua meta for tornar-se mais saudável, encontre uma forma de caminhar todos os dias. Mesmo se não puder sair, poderá fazer exercícios em casa. Não há nada melhor para seu coração, sem falar na sua cintura. Naturalmente, todas essas técnicas aplicam-se a metas pessoais, mentais e emocionais.

A única astúcia necessária, ao falar a seu subconsciente, é falar tudo de forma positiva. Como eu disse, nosso subconsciente dificilmente ouve, então você precisa falar de forma que não possa ser mal interpretado, mal compreendido ou mal executado. Seu subconsciente é um terrível executivo.

E ele adora ouvi-lo queixar-se – ouvi-lo falar que está muito gordo, muito velho, cansado disto, aborrecido com aquilo. Assim, se desejar perder peso, não diga a si mesmo: "Nossa, vou perder alguns quilos, para não parecer tão gordo e não me sentir tão pesado e lento".Tudo o que seu subconsciente ouvirá é "gordo" e "lento". Ele trabalhará muito para manter o mesmo pensamento, o mesmo hábito, o mesmo destino. Acostumou-se a vê-lo gordo e lento, e sente-se muito confortável nesse estado e com tudo o que o mantém.

É melhor falar decididamente: "Vou ficar em forma, forte e saudável. Quando perder sete quilos, vou ter boa aparência e terei energia o dia inteiro". Imagine-se nesta nova forma e não pense em como costumava ser. Programe o seu subconsciente exprimindo palavras de encorajamento.

Há um sinal que vejo às vezes: TENHA CERTEZA DE QUE SUA MENTE ESTEJA BEM ANTES DE COMEÇAR A FALAR. Tenha certeza de que seu subconsciente compreende o que sua mente consciente deseja e esteja pronto a ajudar. E se cometer um erro e pedir a coisa errada, corrija-se a tempo – "Realmente desejo aquele sanduíche saudável" – e retorne à boa dieta. Pense em como terá boa aparência e em como se sentirá bem. Marque um encontro com a felicidade, seja específico – e acredite.

## A persistência vence a resistência

A persistência é a qualidade que amplia a visão, lança a visão ampla ao mundo. A persistência impede-nos de fracassar, pois nos impede de desistir. Todos precisam dela. A persistência o mantém em curso, rumo à sua meta, quando há obstáculos no caminho. Calvin Coolidge disse: "Nada pode ocupar o lugar da persistência. Nem o talento; nada mais comum que homens com talento e sem sucesso. Nem o gênio; gênios sem recompensa são quase um refrão. Nem a educação; o mundo está cheio de ruínas educadas. Só a persistência e a determinação são onipotentes".

Quando você era criança e queria aprender a andar de bicicleta, não deixava que as quedas o detivessem. Primeiro pensou em como evitar ferir-se nas quedas, a seguir continuou a andar de bicicleta. Até tornar fácil.

Anos depois, aprendeu a dirigir. Confiava muito em si e não queria falhar na primeira coisa realmente adulta que lhe permitiam fazer. Não queria parecer estúpido e derrubar aqueles cones que colocavam na pista para informar-lhe se estava na faixa certa. Aqueles cones pareciam enormes. Mas você fez o melhor que pôde e finalmente aprendeu a dirigir. Quando você é menino, tem a melhor motivação de todas: deseja mudar a vida. Deseja crescer, tornar-se adulto e fazer todas as coisas que um adulto pode fazer. Todas as mil e uma coisas. Sempre fala: "Quando crescer, vou ..." ou "Quando for adulto, não vou ter de..." Faria qualquer coisa – mesmo algumas coisas que você sabe serem estúpidas – para chegar à terra prometida da maioridade.

E o que acontece? Crescemos e supostamente nos tornamos mais sábios, e de repente deixamos de tentar. Nosso subconsciente fala que tudo está bem mesmo se não temos o que desejamos. Ele torna-se uma voz sedutora sussurrando em nosso ouvido, anunciando que tudo está bem da forma como está. Mas essa voz subconsciente pode ser programada para sussurrar encorajamentos, para torná-lo mais forte e mantê-lo trabalhando contra todos os obstáculos.

*O sucesso é a soma de pequenos esforços, repetidos todos os dias.*

*– Robert Collier*

A persistência é o aço da coluna a falar-lhe: se você ainda não for bem-sucedido, você o será, se continuar tentando. A persistência é o circuito elétrico que fornece a energia. Persistir é saber que o mundo não estenderá o tapete vermelho para você. Só você pode estendê-lo.

Você lembra de que decidi mudar a minha vida. Em meu coração havia o desejo de ajudar as pessoas, de tornar a vida delas melhor. Assim, a primeira coisa que precisava fazer era pesquisar. Perguntei-me: "O que posso fazer com minha vida, minhas habilidades, minhas atitudes, para ajudar outras pessoas?" Eu tinha de ver o cardápio das escolhas da vida para encontrar o prato certo para mim.

Nessa época, estava em uma escola pública de Fullerton, na Califórnia. E um dia vi no campus pessoas do Corpo de Paz. Continuando minhas pesquisas, fui conversar com aquelas boas pessoas. Um dos programas era ir à África do Sul no verão, para ajudar as pessoas. Comecei a me entusiasmar. Nossa, isso está começando a fazer sentido. Quero ir em frente e ajudar a mudar a vida das pessoas, e isso é precisamente o que faz o Corpo de Paz. Ali estava uma chance de ir a outros países e prestar socorro às pessoas. Era o que eu queria; assim, peguei alguns formulários que me deram para preencher.

Olhei os formulários e comecei a me preocupar. Havia perguntas sobre experiências profissionais. Eu era encanador? Eletricista? Minha fé começou a desvanecer-se. A única experiência que eu tinha em minha caixa de ferramentas era o dom de falar.

Voltei ao pessoal do Corpo de Paz e um senhor olhou meus formulários e sorriu. "Já trabalhou em construção?", perguntou. "Sabe construir uma casa?" Tive de repetir a palavra não, não podia oferecer muita coisa. Caminhei devagar naquela tarde, pensando que talvez aquele trabalho não fosse para mim.

Mas eu tinha aquela idéia divina e ela não me deixaria. Naquele momento eu não tinha as habilidades necessárias para o Corpo de Paz. Faltavam-me habilidades e experiência. Mas a minha atitude era correta. Persisti. Continuei pesquisando. Comecei a ler sobre pessoas que tinham se sucedido bem nos caminhos que eu queria seguir. Li sobre Nelson Mandela, e fiquei muito impressionado. Não estou falando que queria ser Mandela; apenas imaginei que poderia fazer as coisas que ele fez. Quanto mais lia sobre pessoas como ele, mais ajudar as pessoas parecia a escolha certa para mim. Assim, comecei a dirigir-me ao lugar certo para fazer isso. Decidi entrar no seminário, aprender princípios bíblicos, e então dedicar-me ao trabalho social.

---

*A maioria dos homens fracassa por falta de persistência na criação de novos planos para substituir os planos fracassados.*

– Napoleon Hill

---

Não desisti, e senti que tinha feito a escolha certa. Uma tarde, bem depois daquela terrível tarde com o pessoal do Corpo de Paz, almocei com Bobby Shriver, filho do diretor do Corpo de Paz, sargento Shriver. Ele riu da idéia de que Tim Storey não tinha dons a oferecer ao Corpo de Paz.

## Tenha fé em si mesmo

Assim, muitas pessoas que conheço vão direto ao ponto que as impulsiona na vida, mas então começam a recuar; perdem o rumo e a confiança. Pensam que precisam de alguma fórmula mágica para serem bem-sucedidas, e não percebem que a fórmula mágica é a persistência. Como disse Woody Allen: "Noventa por cento da vida é exibição". Brincadeiras à parte, ele quer dizer que, quando você se exibe, você está presente para tirar vantagem das oportunidades. Quando você bate na pedra, não há resposta. Quando você bate nas portas e continua a bater, logo a oportunidade começa a responder. A persistência supera a resistência.

O coronel Sanders procurou mais de mil pessoas pedindo empréstimos para começar um dos mais bem-sucedidos negócios nos Estados Unidos. Bateu em uma porta e a resposta foi não, mas bateu em outra porta, e em mais outra, e em uma delas, a resposta foi sim. E bateu em outra porta e obteve outro sim. E outro. Não precisou ser genial, se bem que podia ser genial. Não precisou ser sábio, nem rico. Precisou ser persistente.

---

*Se você bater bastante em uma porta,*
*esteja certo de que despertará alguém.*
– Henry Wadsworth Longfellow

---

Como você chega à persistência? É como chegar à motivação? Precisa convencer o seu subconsciente? Bem, isso não machuca; a motivação construirá a sua persistência. Se você disser a si mesmo, desde o início, que realizará a sua meta, não importa o que outras pessoas pensem, não importa que obstáculos apareçam à sua frente, você continuará. E gostará de superar os obstáculos e provar que os que dizem não estão errados, passo a passo, de porta em porta.

A pesquisa construirá a sua persistência. Quanto mais você aprender e compreender sobre o que busca fazer, mais certa a meta lhe parecerá. Se for a sua idéia divina, será como um ímã, unindo-o a ela de tal forma que você não poderá parar.

E a persistência é fé. Fé em si mesmo, fé no seu milagre interior. A persistência afirma que, não importa quantas pessoas digam que você está errado, você estará certo. A Bíblia afirma: "Acredite no Senhor com todo o seu coração. Não se limite à sua própria compreensão. Mas em todos os seus passos reconheça-O, e Ele dirigirá o seu caminho". Ou seja, uma vez que você sabe qual é a melhor vida para você, não deixe outros o impedirem de seguir seu caminho. Não deixe que roubem seus sonhos. Se a porta bater na sua cara, bata à porta um pouco mais. Ou bata em outra porta. A persistência é fé em si mesmo, e você, e só você, sabe o que é certo para você.

O capítulo dois do Evangelho de Marcos conta a história de um paralítico. Jazendo em seu leito, ouviu que Jesus estava curando. Quatro homens transportaram o paralítico à casa onde Jesus curava. Quando chegaram, havia tanta gente que não podiam alcançar a porta. Havia tanta gente que não podiam sequer ver Jesus. Mas naturalmente sabiam que Ele estava ali.

Poderiam ter ido embora. Se um dos quatro partisse, haveria problemas. Mas nenhum dos quatro se foi. Transportaram o homem à porta dos fundos da casa, mas também ali havia muita gente. Assim, subiram ao telhado da casa e fizeram um buraco no teto. Às vezes, as pessoas podem alcançar um ar renovado subindo ao teto de suas casas.

Então eles chegaram ao teto, mas o buraco era muito pequeno para que o homem pudesse passar. Ao menos já podiam ver a sua meta, já podiam ver Jesus. Transportaram um homem paralisado ao teto da casa – tinham ido longe demais – e podiam ver Jesus, não recuaram. Começaram a tirar as telhas da casa.

Às vezes, você precisa fazer algo que nunca fez antes para chegar a algum lugar onde nunca esteve. Aqueles homens não despertaram pensando: "Ah, acho que vou transportar um paralítico ao telhado de uma casa". Não esperavam tirar telhas no teto de uma casa. Mas não se detiveram; não desistiram. Eles tinham fé.

Jesus olhou e viu a fé dos cinco homens. Viu a fé em suas ações. A fé tem uma postura e uma atitude. Ele viu a fé e as telhas sendo removidas do telhado e permitiu-lhes entrar na casa, falando: "Sua fé o curou". E o homem levantou-se e andou. A persistência supera a resistência.

Já falamos sobre os hábitos antes, mas é aqui que você realmente começará a olhar mais de perto os seus hábitos e começará a transformá-los. Bem como a mente subconsciente, os hábitos podem ser verdadeira armadilha para os desprevenidos. Os especialistas afirmam que levamos vinte e um dias para estabelecer um novo hábito. Mas vinte e um dias não parecem ser muito tempo, e não são, se você olhar a sua vida com ampla visão. Não parece difícil substituir manteiga gordurosa por um cereal saudável no desjejum, ou caminhar uma hora por dia, ou ler meia hora antes de dormir.

---

*Todo hábito, bom ou mau, é adquirido e aprendido da mesma forma – por acharmos que ele é um meio de satisfação.*

– Juliene Berk

---

Mas, se você pensar melhor, verá que criar ou mudar um hábito exige todas as técnicas de que falamos neste livro. Um dia você está sem cereal, então não pode comê-lo se não for comprá-lo. Outro dia você tem cereal, mas está atrasado para o trabalho. Ah, pensa você, vai ser mais fácil parar no restaurante e tomar café – e manteiga. Ou você planeja caminhar, mas no primeiro dia está chovendo. No segundo dia, seu filho tem de ir a um aniversário, bem na hora em que você planejava caminhar. No terceiro dia, você está muito cansado, pois teve que ficar até tarde fazendo as tarefas que não fizera no dia anterior. E, ao deitar-se para ler, adormece.

Assim, criar um hábito exige visão, preparação, planejamento, concentração e coragem. Preveja o que acontecerá na semana. Do que precisará e quando precisará se for mudar um hábito? O que pode impedi-lo de fazer o que planejou, e como o evitará? De quanto tempo dispõe? O que você pode evitar fazer, como deitar-se muito tarde, para poder fazer o que planejou, como ler meia hora antes de dormir?

É mais fácil criar um hábito do que livrar-se de um velho hábito. Substituir a manteiga pelo cereal é um hábito mais fácil de criar do que simplesmente nada comer, especialmente nada comer na hora das refeições. Afinal, comer no desjejum é um hábito a que a maioria de nós se acostumou, durante toda a vida. Pode até mesmo levar mais de vinte um dias para mudar um hábito sólido. Mas talvez você possa caminhar em vez de comer o costumeiro lanche à tarde. Se estiver chovendo, você pode fazer exercícios na sala de estar, ou subir as escadas. É surpreendente a quantidade de tempo livre que você pode descobrir, se procurar. O dono de uma grande rede de jornais, certa vez, comparou o tempo a uma caixa cheia de bolas de tênis. Entre as bolas de tênis, há espaço para coisas do tamanho das bolas de golfe. Entre as bolas de golfe, há espaço para coisas do tamanho das bolas de gude. Quase sempre há algumas bolas de golfe e bolas de gude a rolar por sua vida.

Também é preciso ter consciência dos hábitos que você não reconhece como hábitos. Você pode não perceber que toma um pouco de sorvete sempre que termina de falar com sua mãe no telefone, mas pare e pense. Talvez você possa substituir o sorvete por algo – ou telefonar à sua mãe quando está parado no meio do trânsito. Às vezes, você pode não atender o telefone quando sua mãe liga. Lembre-se, você pode mudar os espaços, tempos e faces de sua vida. Você pode precisar situar em outro lugar uma face que você ama. Afinal, sua mãe pode não ter percebido que seu filho não tem mais seis anos e encontra-se em outro tempo e espaço.

Isso será difícil? Sim. Haverá momentos em que você desejará desistir? Sim. Haverá momentos em que desistirá? Sim. Mas então você retornará, dará um passo atrás e dois à frente, pois você é motivado e persistente.

A sua imaginação pode criar motivação e persistência.

Não deixe o seu subconsciente tomar o poder quando você estiver distraído.

Decida ser bem-sucedido e não desista antes de ser bem-sucedido.

## O DIÁRIO DE SUA VIDA PLENA
### Regras para alcançar as metas com sucesso

1. Torne as suas metas específicas. Quanto mais definidas forem as metas, maiores serão as chances de alcançá-las.

2. Torne as suas metas verossímeis. Elas devem moldar-se a quem você é e às suas capacidades.

3. Torne as suas metas mensuráveis. Elas podem ser bem definidas e qualificáveis.

4. Dê prazos realistas às suas metas. Toda meta precisa de um prazo-limite a defini-la.

5. Visualize as suas metas antes de elas acontecerem. Imaginando como a realidade será maravilhosa, seu subconsciente logo o ajudará a realizá-la.

6. Escreva um contrato consigo mesmo para realizar as suas metas. Por exemplo:

   A. Comprometo-me a ser um chefe de cozinha bem-sucedido em um restaurante, em 1º de junho de 2012.

Nada me impedirá de realizar essa meta. Para tanto, farei os cursos X, Y e Z, nos próximos dois anos. Pagarei esses cursos reduzindo minhas despesas mensais em cem reais por mês, no próximo ano.

B. Encontrarei alguém que me empregará, se eu completar o primeiro curso com sucesso. Assim, começarei a trabalhar nos fins de semana, o que me permitirá pagar os próximos cursos.

C. Em dois anos, encontrarei um emprego em um bom restaurante, o que me permitirá deixar meu emprego atual. Precisarei ter cuidado com minhas despesas, mas, como o trabalho em restaurante tem horários flexíveis, posso continuar a trabalhar e fazer os cursos.

D. Ao fim de cinco anos, terei habilidades e experiências suficientes para obter o posto de cozinheiro principal no restaurante X da cidade, ou em um equivalente.

ASSINADO: ______________________________

Seu contrato pode ser mais detalhado que este, mas não pode ser menos detalhado. Quanto mais passos positivos você der na direção de seu plano, mais você sentirá que está realizando algo a cada dia, a cada semana, a cada mês.

7. Deixe ao seu alcance a descrição de sua vida plena, e leia-a diariamente. Faça acréscimos e a aperfeiçoe, enquanto aprende mais e realiza mais.

8. Prepare-se mental, emocional e fisicamente para comprometer-se plenamente com suas metas. Isso exige en-

gajamento, dedicação e concentração que lhe permitem transformar um desejo em realidade.

9. Mantenha um registro escrito de suas realizações, e dê a si mesmo uma recompensa específica ao alcançar cada uma.

10. Revise o contrato quando necessário, se descobrir que há passos com os quais não contava. Mas nunca interrompa seu compromisso consigo mesmo.

# 7

# Seu sistema de apoio

Já falamos sobre como você pode determinar seu propósito e suas paixões, bem como planejar e realizar mudanças em sua vida. Acima de tudo, falamos de como você pode melhorar a si mesmo, e que nenhuma vida é vivida em isolamento. "Nenhum homem é uma ilha", escreveu John Donne, em uma época em que os escritores não prestavam a devida atenção ao gênero humano, masculino e feminino, "... completo em si mesmo." Ouvimos freqüentemente a primeira parte da citação, mas às vezes esquecemos de dar atenção à segunda parte.

Claro que nos encontramos em um mar de pessoas, mas são as relações que temos com essas pessoas que determinam a plenitude e a amplitude de nossa vida. Podemos existir a sós, mas não estaremos vivendo uma vida completa. O homem não é "completo em si mesmo", Donne escreveu, o que para mim significa que não somos inteiros, não somos completos, não somos inteiramente nós mesmos sem outras pessoas em nossa vida.

Certamente há exageros em ambas as direções; há demasiado ou pouquíssimo contato humano. Tenho certeza de que você conhece alguém, talvez uma pessoa mais velha, que aos poucos se isolou do resto do mundo. Uma pessoa que vê somente vendedores de alimentos ou de gasolina, ou os atores nos filmes. Tal pessoa raramente fala com vizinhos e não sai para ver os amigos. Pensamos nessas pessoas, mesmo quando as amamos muito, como limitadas. Não é isso o que você deseja ser.

Há também as pessoas que sempre parecem estar indo a algum lugar para fazer alguma coisa com outras pessoas. Se elas têm filhos, vão a uma reunião de pais e mestres, ou vão à escola para falar sobre os filhos, sobre um jogo de futebol, talvez vão a um encontro do círculo de leitores, a um jogo de boliche, e costumam sair por algumas horas, depois do trabalho. Em outras palavras, são pessoas que sempre têm algo a fazer. Algumas delas reclamam que não têm amigos verdadeiros, ou que as pessoas sempre as desapontam, ou que nunca encontram ajuda, quando precisam.

Há uma diferença importante entre uma vida cheia e uma vida plena. Se você está apenas preenchendo a sua vida com pessoas, "adquirindo-as", como alguns colecionam selos ou carros de época, então estará abarrotando a sua vida. Se você fala a elas e não as ouve quando elas falam, você está tão isolado quanto se estivesse só o tempo todo. Você pode ser uma ilha num arquipélago.

---

*Ouvir de verdade é abrir-se e deixar outra pessoa transformá-lo.*

– Alan Alda

---

Ser verdadeiramente uma parte do mundo sempre envolve uma troca. Dou a você e você dá a mim. Podemos trocar a mesma coisa – informação, técnicas, contatos, idéias. Ou podemos trocar coisas diferentes – eu posso lhe dar uma idéia, e você me dá o seu entusiasmo pela idéia. Posso compartilhar um problema difícil e preocupante com você, e você me dá apoio e simpatia. Mas o importante é que existe uma verdadeira troca, o que significa que há uma mudança – uma mudança em mim e em você. Ganho algo e você ganha algo. Penso de maneira diferente, ou me sinto diferente, ou ajo de forma diferente. Você intui, percebe a minha idéia, e eu recebo energia do seu entusiasmo. Ganho força da sua compaixão, e você ganha satisfação em ajudar. Essa é uma troca em que nós dois ganhamos – ambos lucramos com a troca.

Assim, quando navegamos nessa maré de pessoas, queremos saudar outros navios e trocar nossas notícias e bens, informações e percepções, e mesmo amizade e amor. Mas cuidado, pois também há piratas. Eles são as pessoas que querem ganhar sem dar, e aparecem sob muitas formas. Podem parecer amistosos e interessantes por fora, ou podem simplesmente oferecer algo que pareça valioso. Mas a sua amizade se revela uma via de mão única, em que eles tomam de nós – nosso tempo, nosso cuidado, até mesmo nosso dinheiro – e não dão nada em troca. Ou então o que oferecem vem a ser falso. Nada neles muda; a sua mudança não vale nada.

Sei como é isso. Como você pode imaginar, sou uma pessoa bem aberta, mas aprendi do jeito difícil que nem todos valem seu tempo e generosidade, mesmo quando parecem ser amigáveis e entusiasmados.

Você também vai conhecer pessoas que dificultam a sua vida, mas estão sinceramente e conscientemente tentando lhe ajudar. Todos nós nos sentimos um pouco assim em relação a nossos pais, pelo menos de vez em quando. Nossos pais estão sempre ali para nos apoiar e amar, mas também estão ali para nos ensinar limites e regras. Nem sempre aceitamos essa orientação imediatamente, mas, afinal, geralmente reconhecemos a sua importância. Deus trabalha da mesma forma em sua vida. Está ali para conduzi-lo, mas também está ali para sacudi-lo. Ele fará mudanças em sua vida pelas quais você não esperava, mudanças para as quais você não se sente preparado. Mas são mudanças que Ele sabe serem necessárias. E nem sempre as torna fáceis.

## Afastando-se das pessoas que se afastam

Sempre haverá oposição à sua missão, e algumas vezes essa oposição tomará a forma de alguém que parece ter nascido para tornar a sua vida impossível. Pode ser seu chefe, ou um colega de trabalho. Pode ser alguém que você considere amigo. Pode até ser alguém da sua família.

Davi sabia disto. Você se lembra de Davi, o que matou Golias. Mas, mesmo antes disso, Davi já havia encontrado graça aos olhos de Deus e, quando Deus pediu-lhe que matasse o gigante, bem, foi o fim da picada para o irmão de Davi, Eliab. Ele iniciou uma campanha de murmúrios para desacreditar Davi, lançando suspeitas sobre os motivos de Davi, buscando exterminar a boa imagem que Davi tinha junto a Deus.

Acontece sempre. Só porque você está começando a se dar bem, porque você está começando a realizar as metas que almeja, porque você está um pouco melhor, alguém vai tentar derrubá-lo. O ciúme e a inveja são vizinhos e estão sempre se falando através do muro do quintal. As pessoas ciumentas se ressentem do que você realizou, têm inveja do seu sucesso. Freqüentemente temem ser os perdedores, se você for vencedor. Querem privá-lo daquilo que conseguiu ou tomar de você as coisas gratificantes e agradáveis. São receosas e maliciosas, desconfiadas e amargas.

Tais pessoas podem começar a cochichar sobre você pelas suas costas, levando outros a duvidarem de sua pessoa. Como Eliab, podem espalhar rumores sobre seus verdadeiros motivos e romper relacionamentos que você construiu entre amigos e colegas. Pessoas invejosas não "captam" a sua pessoa, nada sabem a seu respeito. Não entendem que você tem um plano e um propósito que não se relacionam a elas. Podem sentir inveja até mesmo de você ter um plano. Mas, na mesma freqüência, nem sabem por que estão a derrubar ou perseguir você. Isso não as torna menos destrutivas à sua missão.

Através da história, o ciúme e a inveja têm motivado guerras, rompido famílias e relações, obstruído destinos. Claro que o símbolo do ciúme e da inveja na Bíblia é Lúcifer, e tenho certeza de que você às vezes sentiu como se estivesse lutando contra o diabo, quando alguém assim começa a trabalhar contra você.

---

*Diga-me com quem andas e te direi quem és.*

– Miguel de Cervantes

---

O grande perigo é a oposição levá-lo a duvidar de si mesmo. É então que a sua idéia divina vem em seu socorro. Se você conhece o seu propósito e sabe que ele é em benefício de todos, então não vai ter a sua fé abalada. Davi sabia que suas intenções eram puras, e assim ignorou o seu irmão. Entendeu que seu irmão estava falando de seus próprios problemas, não dos de Davi. Então Davi partiu e lutou com Golias. Ele não deixou o seu caminho principal, e realizou o seu destino. Lembre-se, seu propósito é a grande idéia, é a razão de tudo o que você faz. Você pode ter paixões por uma coisa ou outra, e pode ter planos para realizar uma coisa ou outra, mas o seu propósito é a razão de você estar aqui na Terra. Contanto que seja para o bem, e contanto que as suas paixões e planos estejam em harmonia com o seu propósito, então saberá que não pode estar praticando o mal.

## As quatro armaduras contra o ciúme e a inveja

Junto com o poder de sua idéia divina, você pode se proteger do ciúme e da inveja com quatro tipos de armadura. Precisa de um pouco de coragem para usá-las, mas elas encontram-se a seu favor.

A primeira armadura é ser justo. Se você ouvir que alguém falou alguma maldade sobre você, respire fundo e tente olhar a situação de forma justa e com empatia. A pessoa pode estar passando por um dia ruim, ou estar sob muita pressão, ou ter alguma dificuldade na própria vida que a está deixando de pavio curto e beirando a irracionalidade.

A segunda armadura é a firmeza.Você deve se manter firme no seu propósito e em suas paixões. Deve determinar seus limites quanto ao que vai permitir e ao que não vai permitir. Pode ser que tenha de confrontar seu algoz, mas isso nem sempre será necessário. Às vezes é mais eficiente apenas ater-se ao seu plano. O importante é não deixar ninguém mexer com o seu destino. Se você não conseguir chegar a um entendimento com a pessoa e ele ou ela não respeita os seus limites, então talvez uma amizade precise terminar. Se isso estiver acontecendo no trabalho, talvez tenha que fazer com que outros saibam do problema e tornar claro que você não tem animosidade contra a pessoa, mas que não pode permitir que mentiras sejam ditas.

O que é essencial é virar as costas às revanches ou às retaliações: a terceira armadura é afastar-se da vingança. Na melhor das hipóteses, ela o faz perder o tempo que poderia estar usando em favor das suas paixões e planos. Mais importante, porém, é que revidar frustra o seu propósito. Não faz mais que semear as sementes do ciúme e da inveja, levar a mais ataques e respostas, a mais dor e corações partidos. Afaste-se de qualquer coisa que se assemelhe à vingança.

A quarta armadura é voltar-se ao seu próprio conselho. À medida que vivemos, aprendemos que não podemos confiar em todos. Aprendemos que o melhor é simplesmente ficar longe de certas pessoas. A Bíblia diz: "O tolo revela todo o seu coração"; assim, devemos evitar dizer a todos tudo o que sabemos ou sentimos. Há pessoas em quem você não pode confiar e que não poderão apunhalá-lo pelas costas, se você não as deixar penetrar em sua intimidade.

---

*Manter o equilíbrio é melhor do que revidar.*
– Joan Lunden

---

Comer solitariamente não tem graça e não lhe faz bem. Mas assim como o seu propósito o orienta em relação a como utiliza seu tempo, pode orientá-lo em relação às faces.

## Amor e amizade

Nenhuma vida pode ser plena sem familiares e sem amigos a doar apoio e força, amor e ânimo. Certa vez, eu estava na festa de um dos filhos de Smokey Robinson. Smokey fazia churrasco; Leon Isaac Kennedy e eu conversávamos com ele. Perguntei a Smokey: "Qual é o melhor aspecto de Smokey Robinson?" Bem, está claro que este é um homem que recebeu quase todo tipo de honras que o mundo da música tem a oferecer. Ele poderia ter falado sobre a gravação de "Tears of a Clown" ["Lágrimas de um Palhaço"], ou sobre os velhos dias de Motown, ou mil outras coisas. Mas Smokey apenas sorriu, abriu os braços em direção aos filhos e à festa e disse: "A melhor coisa é isto". A melhor coisa são os amigos e a família.

Na sua família há pessoas que conhecem você, que sabem de onde você veio, melhor do que ninguém. Podem fazer ranger os dentes de quando em quando, mas também lhe darão verdades a digerir. Os filhos muitas vezes reclamam de que os pais não os vêem como adultos, e isso freqüentemente é verdade, mas também é verdade que os filhos não insistem muito para que os pais os vejam como adultos. Além do mais, quantos de nós queremos que a mãe ou o pai nos tratem como a um estranho?

---

*Chame de clã, chame de rede, chame de tribo, chame de família. Seja qual for o nome, seja você quem for, você precisa de uma família.*

– Jane Howard

---

A família que você constrói é a família que irá apoiá-lo no futuro, e cada um de seus membros merece seu respeito, assim como você merece o deles. Uma vida sem a família é uma vida que machuca e fere a alma. A nossa idéia de família é bastante ampla hoje em dia – mas tudo se reduz a criar uma casa pessoal que dará abrigo, respeito e segurança às pessoas que você ama. Esse respeito significa que você lhes conta como você se sente e do que precisa, bem como ouve o que eles estão sentindo e do que precisam. Somos todos responsáveis pelo efeito que temos sobre as pessoas ao nosso redor.

A amizade é um caso especial. Bons amigos são pessoas que admiram as suas realizações e também querem o seu bem o suficiente para serem honestos com você. São pessoas que podem desafiá-lo e oferecer-lhe novos horizontes, que sentem curiosidade pela sua vida e a apreciam. As amizades podem ser uma rajada de ar fresco em seu mundo pessoal e podem dar a você uma nova perspectiva sobre a sua vida – e até sobre a vida de sua família –, levando-o a uma nova percepção e a alegrias renovadas.

Tudo demonstra que o amor é parte vital da vida plena. E não só o amor, mas amar e ser amado. Leo Buscaglia, que escreve maravilhosamente sobre o amor, enfatiza que a primeira pessoa que você deve amar é a você mesmo. Porém, esse amor não é nenhuma viagem do ego, nem uma fantasia. Tem base na realidade. A pessoa que ama a si mesma costuma se ver com acuidade e apreciar o que é – mas pode ser incentivada e desafiada pela perspectiva do que pode vir a se tornar. Se você não se ama, você não consegue realmente aceitar o amor de outra pessoa. Você sente como se não o merecesse. Se você acha que é feio, se está mal consigo mesmo, não vai conseguir aceitar que uma outra pessoa possa realmente amá-lo. E mais, você não conseguirá realmente amar outra pessoa. Afinal, tal pessoa pensa: sou um ser humano tão ruim que o meu amor não valeria nada para ninguém. Amar outrem reflete o que você sente sobre si mesmo.

Com esse tipo de amor, você tem a riqueza necessária para dar amor e aceitar amor de outras pessoas, compartilhar o seu amor com outros, e acreditar que Deus o ama sem medida. Acredito que nenhuma vida pode se realizar plenamente sem incluir os outros e sem se doar aos outros. Falaremos sobre isso adiante, ao abordarmos a vida plena.

## Um, poucos, muitos e multidões

A vida de Jesus é um modelo de como tratar as outras pessoas – em quem confiar e a quem tratar com respeito, mas à distância. Ele não compartilhou o coração com todos. A Bíblia nos diz: "Não lanceis pérolas aos porcos, para que não as pisem com os pés, e, voltando-se, vos dilacerem" (Mateus 7, 6). Em círculos concêntricos ao seu redor, Jesus tinha o Único, os Três, os Doze, os Setenta e a Multidão (na Bíblia, os Quinhentos). Com seu Pai, o Único, compartilhava todo o coração. Deus é a única pessoa de quem você pode depender totalmente, e estará bem melhor se de fato compartilhar com Ele todo o seu coração. Assim que você tiver compartilhado o peso de realizar seu destino com Deus, verá que se sente mais leve e livre, mais forte e com mais propósito.

Pode ser também que exista uma pessoa em sua vida com quem você possa compartilhar todos os pesos e sucessos do dia-a-dia, todas as suas esperanças e medos. Um amigo meu me contou uma história maravilhosa sobre sua filha de cinco anos. Ela acordava de repente, no meio da noite e, é claro, sentia medo. Meu amigo e sua esposa tinham lido todos os livros sobre como educar filhos; assim, não a atendiam imediatamente – queriam que ela aprendesse a dormir sozinha. Então diziam à filhinha: "Não se preocupe, querida, estamos perto e Jesus está sempre cuidando de você". E uma noite a menininha respondeu: "Eu sei que Jesus está sempre cuidando de mim, mas esta noite eu queria alguém de carne e osso mesmo!" Todos nós precisamos de alguém de carne e osso para compartilhar as nossas vidas numa relação de amor e apoio. O amor verdadeiro, que requer justiça, honra e respeito mútuo, é uma bênção e um exemplo.

---

*Não tenha nenhum amigo que não seja valoroso como você.*

– Confúcio

---

Jesus também compartilhou profundamente a sua alma com os três apóstolos – Pedro, Tiago e João. A relação deles era uma parceria do espírito, e Ele sabia que podia contar com eles, assim como eles podiam contar com Ele. Jesus também sabia que os três eram humanos e poderiam cometer erros. Sabia que Pedro iria renegá-lo, e o perdoou mesmo antes que isso acontecesse. Assim acontece com nossos mais próximos parceiros e amigos. O que eles nos dão sem medida retribui as ocasiões em que cometem deslizes.

E assim foi com os doze apóstolos. Os amigos são as pessoas que compartilham da sua vida e ajudam você a atravessá-la, sem necessariamente estar com você a cada passo. São os amigos íntimos e os parentes as pessoas que o levantam quando você está caído, aquecem-no quando está com frio e o protegem quando você está fraco demais para proteger-se por si mesmo. Celebram as suas vitórias a seu lado e o ajudam a se recompor dos contratempos. As amizades são como um bom vinho – melhoram com o tempo. Devem ser cuidadosamente criadas e nutridas.

---

*Ainda que eu fale as línguas dos homens e dos anjos,*
*se não tiver amor, serei como o bronze que soa,*
*ou como o címbalo que retine.*

– 1 Coríntios 13

---

Nos grandes círculos de pessoas que o rodeiam, você encontrará muitos que o ajudarão, orientando-o, tornando a sua vida melhor. Nesses círculos, haverá muitas formas diferentes de relacionamentos. Algumas pessoas são como um bom lanche... Não são exigentes, mas tampouco satisfazem. Algumas delas são amigas por um dia, outras por alguns meses, algumas por toda a vida.

Eu costumava me encontrar regularmente, na casa de Charlie Sheen, com alguns outros atores e amigos nossos. Era um período em que Charlie passava por um momento difícil, mas estava sempre otimista e sempre tentava ajudar seus amigos quando eles enfrentavam os próprios problemas. Era incrível ver o ótimo amparo que Charlie oferecia aos outros atores que enfrentavam desafios. Ele os encorajava, falando que a vida segue adiante e que eles se realizariam vivendo de acordo com um desígnio, e não se evadindo. Foi ótimo, então, ver Charlie continuar lutando e, afinal, conseguir tamanho sucesso com *Two and a Half Men* [*Dois homens e meio*].

Procure pessoas que possam orientar a sua vida, pessoas como Charlie, que podem ensiná-lo qual vem a ser a sua busca. Há diversos tipos de mentores. Alguns ensinam diretamente, outros lhe dão a oportunidade de aprender. Ajudar uma pessoa que tem o emprego que você almeja é um exemplo disso, e eu desfrutei do meu trabalho na companhia de um reverendo motivador por vários anos. Viajei pelo mundo com ele, fazendo tudo que ele precisasse fazer. Assim, aprendi de baixo para cima. Fazia coisas como cuidar do som, enquanto ele falava num evento. Eu cuidava da mesa de produção. Aprendi também a organizar o itinerário de outra pessoa e deixar tudo em ordem. Aprendi a prestar atenção nos detalhes. Assim, anos depois, quando eu mesmo falei em Estocolmo diante de oito mil pessoas, sabia o que estava errado no sistema de som.

Algumas pessoas podem ajudá-lo em relação a algo que você precise aprender a fazer ou a ser. Talvez você não os tenha procurado, mas eles chegam à sua vida no momento certo. Na universidade havia poucas pessoas parecidas comigo. Não me sentia confortável ali, e me sentia só o tempo todo, mas ainda assim havia ali pessoas a me ensinar. Havia um homem chamado Larry que me ensinou muito sobre os princípios da Bíblia. Não era uma pessoa com quem eu pudesse passar muito tempo em outra situação, mas vi a verdadeira força que ele tinha. Meu amigo Dan tinha uma vida rica de orações. Íamos às salas de piano após o horário das aulas, e ali orávamos.

*Trabalhar em equipe pode fazer um sonho se realizar.*
– Ciara

Você não vai pensar necessariamente nessas pessoas como orientadores, mas isso não significa que elas não tenham nada a lhe ensinar. Meu colega de quarto, por exemplo, me ensinou a ser organizado. Eu era uma pessoa bem bagunceira quando se tratava de limpar e colocar em ordem as minhas coisas. Meu colega entrava no quarto e dizia amavelmente: "Tim, você precisa mesmo das suas calças no chão?" Entende o que estou dizendo? Mas ele me ensinou que é tão fácil ser organizado quanto desleixado – de fato, mais fácil, se somarmos todo o tempo que eu gastava procurando as coisas naquela bagunça. E não apenas isso: aprendi também que eu me sentia melhor comigo mesmo quando deixava as coisas arrumadas e organizadas. Entendi o que se sente quando se tem tudo organizado.

## Os parceiros de seu sonho

Ao se comprometer com o aperfeiçoamento de sua vida e com a realização do destino para o qual você encontra-se no mundo, verá que mais e mais pessoas à sua volta fazem parte de seu time. Jack Canfield, o autor de *Chicken Soup For The Soul* [*Canja de galinha para a alma*], diz que cada um de nós é uma mistura das cinco pessoas com quem passamos mais tempo em nossas vidas. Certamente há uma grande verdade nisso; portanto, seria bom parar e pensar sobre essas cinco pessoas. Você recebe delas tanto quanto está doando? Elas o desafiam ou o desanimam?

Pense na sua vida como uma fantástica, mas às vezes perigosa, aventura, na qual você pode incluir apenas alguns poucos companheiros. Ao seguir em frente ao longo de seu principal caminho, novas pessoas participarão de sua vida em parceria. Você deseja levar consigo as pessoas que vão tornar essa aventura um sucesso alegre e compensador. Você precisa de pessoas que saibam ler mapas, pessoas que saibam abrir o motor do carro e consertar o que estiver quebrado, enfim, pessoas que possam apreciar a beleza, o encanto e a maravilha da viagem na qual você se encontra. Assim, você vai querer aprender com outras pessoas que já estiveram no lugar onde você quer chegar.

Quando você começa a crescer e a mudar, você precisa construir um sistema de apoio, uma rede de pessoas que compartilhem de seu trabalho e o ajudem a continuar firme, não importa se as coisas venham a ser árduas. É difícil fazer mudanças, e a última coisa que você vai querer na sua viagem são pessoas que reclamam, pessoas que estão a todo momento apontando os seus erros e indecisões, os seus medos e falhas. Como disse Lou Holtz, cerque-se de pessoas que o encorajam, torcendo por você. Evite aqueles que sugam a sua energia e autoconfiança. Fique atento aos modos sutis com que as pessoas tentarão fazê-lo desistir de todas as vitórias arduamente conquistadas. Você não vai querer sentir-se culpado por seu comportamento poder vir a afetar outras pessoas.

---

*Não vá para onde o toleram. Vá para onde o celebram.*

---

Como eu disse, pode ser difícil entender que existem pessoas em sua vida que não estão ajudando você – pessoas que, de fato, estão dificultando a realização de seus sonhos. Não estou dizendo que você deva imediatamente excluir alguém de sua vida. Mas você pode querer falar com tal pessoa, deixá-la saber que nada o impedirá de alcançar os seus objetivos, e que você gostaria que ela o acompanhasse. Alguns se voltarão apenas para seus temores e cruzarão os braços, tristemente. Outros se erguerão para caminhar e crescer a seu lado.

Há certo poder nesse tipo de parceria, e você desejará torná-la uma realidade. Desfrute de um grupo de apoio já existente, feito de familiares e amigos que realmente o queiram bem. Você deseja desenvolver relações que possam fortalecê-lo individualmente, mas também fortalecer a todos como um grupo. Eu estava assistindo ao Discovery Channel com meus filhos outro dia, e passava um documentário sobre o pássaro gnu, na África. Um pequeno pássaro chamado búfaga vive entre os gnus em perfeita harmonia e parceria. O gnu fornece alimentação e moradia ao pássaro búfaga – deixa-o até mesmo arrancar os seus pêlos para fazer um ninho. A búfaga realiza um serviço de limpeza, comendo os insetos que atacam o gnu. Além disso, se o passarinho vê um predador, corre para cima e para baixo, nas costas do gnu, cantando alto, até que o animal preste atenção e se dirija a um lugar seguro. Geralmente essa é uma parceria para a vida toda.

## As ondulações que se ampliam

Ao se transformar, você surtirá o mesmo efeito que uma pedra jogada em águas paradas: os círculos, as ondulações, vão se ampliando. Seu comportamento pode afetar outras pessoas.

Não podemos evitar trocas com o mundo, e será nosso ganho se a troca vier a ser um ganho para o mundo. E podemos beneficiar o mundo quando melhoramos a nós próprios, mesmo de formas diminutas. Eu tinha um amigo, Jim, que trabalhava num escritório de uma grande empresa. Tinha parado de fumar, mas toda vez que ia a uma reunião a sala estava cheia de fumantes. E, naturalmente, de vez em quando alguém lhe oferecia um cigarro. Ele recusava, dizendo algo como: "Não, obrigado, faz uns cinco anos que não fumo. E me sinto tão melhor que acho que nunca mais vou fumar". Então ele se dirigia para um canto da mesa, o mais longe possível dos fumantes.

Certa vez, ele notou que uma ou duas outras pessoas na empresa se juntavam a ele à ponta da mesa, ao lado dos que buscavam respirar. Nos meses seguintes, a área de não-fumantes foi crescendo, até que o jogo virou, e restavam apenas poucas pessoas na área dos fumantes. Por fim, a diretoria decidiu proibir fumar em todas as reuniões.

Chega um dia em que você quer compartilhar a sua bem-aventurança, e retornar a dádiva da vida é a meta maior. Ajude-se, mas dê aos outros um prato cheio também. De fato, você pode ver que servir bem aos outros, oferecendo uma boa refeição, é a maior das recompensas. A vida não se limita a consumir; é também retribuir.

Ao crescer, você começará a doar aos outros; você se tornará o orientador, o apoiador, o professor. Isso não é apenas conseqüência natural das suas mudanças, mas também o próximo passo rumo ao círculo de desenvolvimento que você está cultivando em si. O que lhe faz muito bem. O livro de Provérbios diz: "Há quem seja pródigo e aumente sua riqueza, e há quem guarde sem medida e se empobreça" (Provérbios 11, 24).

---

*Cada um de nós serve de exemplo a outra pessoa,*
*e cada um de nós é responsável por esboçar*
*o futuro como desejamos que ele seja.*

– Gandhi

---

Talvez erremos pensando que a única maneira de nos aperfeiçoar seja interiormente. O grande psicólogo Carl Gustav Jung exprimiu, em seu livro *Psicologia e religião*, a idéia de que a alma encontra-se, na maior parte do tempo, fora do corpo. Um filósofo contemporâneo, Thomas Moore, disse sobre essa idéia: "Se pensássemos a alma como estar-no-mundo, então talvez nosso trabalho poderia ser visto como um aspecto realmente importante de nossas vidas". A nossa alma encontra-se externamente, tanto quanto intermamente, e para nutri-la, cuidar dela e fazê-la crescer, precisamos transformar o mundo em um lugar melhor – um lugar melhor para ela, um lugar melhor para nós, um lugar melhor para todos.

Nenhuma vida é plena se encontrar-se isolada.

Reconheça quais relacionamentos são temporários e quais são para a vida toda, e por que motivos.

O que você faz acontecer a outra pessoa, a vida fará acontecer a você.

## O DIÁRIO DE SUA VIDA PLENA

Pense em todas as pessoas com quem sua vida se encontra ligada. Se você as listar, talvez se surpreenda ao ver como são muitas – até pessoas que não se encontram mais em sua vida podem estar afetando a forma de você pensar e sentir.

Faça uma lista das pessoas com quem deseja estar ligado mais fortemente.

______________________________________________

______________________________________________

______________________________________________

______________________________________________

______________________________________________

______________________________________________

Faça uma lista das pessoas com quem você deseja aprender. Você pode completar o pensamento: Eu me senti bem quando estive com ________________ porque...

E as pessoas que o ensinam dando um mau exemplo? Eu não me senti bem depois de estar com________________porque...

# 8
# Evitando a indigestão

Mesmo se você se alimenta cuidadosamente, haverá momentos em que terá indigestão. Você sabe o que acontece – aquela reviravolta desconfortável no estômago, quando o seu corpo não consegue absorver algo que você ingeriu. Você não gosta da sensação que tem, nem do estado de humor em que se encontra. Você só quer se livrar da indigestão. Não é tão terrível a ponto de levá-lo ao médico; você vai para casa e toma um bicarbonato de sódio, talvez tome um refrigerante, e tenta relaxar até que tudo passe.

O mesmo acontece na vida. Não importa o quanto você se prepara, haverá momentos em que acontecerá algo que você não queria e não pretendia. Você comete um erro, seu plano não funciona, ou algo imprevisto põe tudo a perder. Pode acontecer, e acontecerá, mesmo se tiver trabalhado duro em todas as coisas nas quais falamos: você concentrou-se em suas metas e está começando a ver algum progresso em direção a elas. As pessoas da sua vida talvez estejam começando a olhar diferente para você. Às vezes pedem uma opinião, e até ouvem o que você está dizendo. Você está anotando o seu progresso e tornando as suas metas mais claras e mais específicas.

Mas aí alguém começa a criticá-lo e outras pessoas concordam. Ou, apesar de todo preparo para a dieta, você perde o controle e permite-se um banquete. Ou, não importa quanto estuda e pratica, você simplesmente não vê progresso algum. Isso é uma indigestão. Você pode sentir que seu plano foi inteiramente mal direcionado. Dá vontade de se deitar e jogar todo o projeto pela janela...

## Um contratempo não significa dar um passo para trás

De manhã, no restaurante, vejo um velho amigo, chamado Marvin, parecendo estar mal humorado. Quando lhe pergunto o que aconteceu, quase não consigo ouvi-lo. "Não, não, eu estou bem", ele diz. "Só tive uns contratempos. Acho que vou ter que repensar o que estou fazendo". Quando lhe pergunto por quê, ele não me dá uma resposta clara.

Você vê muito disso. Quando as pessoas estão mal, parece que a voz também se deprime – o tom diminui ao murmúrio. Marvin tinha estado animado com seu novo emprego numa empresa de jogos para computadores, dando-se bem como peixe na água. Quando começou, ele fazia tudo o que lhe pediam, e fazia velozmente. Começava cedo e ficava até tarde. Ouvia a todos e pensava no que ouvia.

— Então me pediram para avaliar um dos novos projetos de jogo. Fiquei possesso. Passei três dias e três noites trabalhando naquilo. Eu tinha reunido tudo: vendas, críticas, expectativas das indústrias, valores na bolsa: tudo. Fui para a reunião, totalmente preparado. Até comprei um terno.

Meu olhar exprime surpresa.

— Bem, comprei uma jaqueta esportiva e uma gravata.

— E o que aconteceu?

— E o que aconteceu? Vou lhe contar o que aconteceu. O homem, o cara que se senta na cabeceira da mesa, não pode ter menos de cinqüenta e cinco anos. Seus dedos são desajeitados demais para usar até mesmo um anel. Está sempre mastigando um lápis, e me fala: "Isso é um lixo".

— Só isso?

— Só isso. E vai direto para o projeto seguinte. Olho em volta da sala e ninguém está olhando para mim. Melhor se estivesse morto.

— É duro.

— Melhor voltar ao velho emprego. Pelo menos lá ninguém me notava.

---

*Os vencedores também têm cicatrizes.*

— Johnny Cash

---

Quase não consigo voltar a ouvi-lo, mas sei o que está realmente dizendo: É duro demais. Ninguém liga. Não merecia esse tipo de rejeição, depois de tanto esforço. Até mesmo quando você está caminhando bem, quando conhece as suas metas, quando está deixando a sua paixão guiá-lo, às vezes vai se desviar de seu caminho.

Certa vez, trabalhei com um jogador da Liga Nacional de Futebol norte-americano (NFL). Ele estava no topo de sua carreira quando, em uma temporada, começou a deixar a bola cair. Quando o agarravam, ele perdia a bola. Ficou com tanto medo que evitava carregar a bola, especialmente em momentos cruciais. Pude ajudá-lo um pouco, mas o problema atormentou-o pelo resto de sua carreira. Pior: ele levou o problema para a vida pessoal. Depois de se aposentar na NFL, recebeu todo tipo de propostas de negócios. Mas ele decidiu não aceitar nenhuma delas, pois temia se dar mal. Seu medo tinha se tornado a sua visão de vida. Estava se escondendo da vida, não correndo adiante e agarrando-a. É desse jeito que Marvin estava se sentindo.

— Então você quer mesmo seu velho emprego de volta? – perguntei a Marvin.

— Sim. Não. Quer dizer, não quero que descarreguem tudo em cima de mim desse jeito, de novo. E se não tiver mesmo talento? Para que ser derrotado para sempre? Não é a primeira vez que me dou mal, você sabe. Até mesmo nesse último emprego estavam sempre me dizendo o que fiz de errado.

## A dor que nos auxilia

Todos nós temos de enfrentar a indigestão. Sempre haverá oposição à sua missão. Ela pode ser grande ou pequena. Você está tentando perder peso e abrem uma nova confeitaria em frente à sua casa. Quando você finalmente se forma, as regras mudam e você tem que fazer outros cursos para conseguir o emprego que deseja. A oposição pode resultar diretamente de sua missão, como quando tentei fazer parte do Corpo de Paz e descobri que não tinha nada para oferecer. Ou pode ser algo totalmente inesperado – quando você consegue tempo para começar a trabalhar em um novo projeto que poderia mudar a sua vida, sua mãe fica doente e você precisa cuidar dela.

Assim é a vida, é assim que a vaca vai para o brejo, as pessoas falam, sorrindo ou suspirando. Há muita verdade nisso. A vida nos dá terríveis golpes e pancadas. Ou dá com os burros na água. O que não quer dizer que você não deva voltar para o campo e continuar cuidando das vacas ou dos burros.

Empecilhos fazem parte da vida. Nada nunca vai correr exatamente do jeito que você esperava ou planejava. A vida é bela, absolutamente perfeita, apenas 10% do tempo. Um dia a cada dez, o sol estará brilhando, a sua mente estará lúcida, você terá toda a energia de que necessita, você não estará discutindo com ninguém da sua família, e a sua escrivaninha estará limpa. Um mês por ano, não terá que se preocupar com dinheiro. Um ano a cada década, você estará em perfeita saúde, e seu carro não precisará de muitos consertos.

---

*A dimensão final do homem não se revela quando ele se encontra em momentos de conforto e conveniência, mas quando ele se encontra em tempos de desafio e controvérsia.*

– Martin Luther King

---

O que você vai fazer com o resto, com os outros 90% de sua vida – com aqueles outros nove dias, aqueles outros nove meses, aqueles outros nove anos? Vai esperar até que venham novamente os bons momentos? Vai pegar um doce e uma xícara de café e sentar-se em frente à televisão durante a próxima década?

De forma alguma. O importante é saber que a indigestão não define a sua vida. Você não vai submergir na lama, não vai renunciar a criar a sua vida plena. O seu motivo para não renunciar é ter uma missão – seu propósito – e saber deixar as suas paixões levarem-no adiante. Não importa quais são as suas habilidades ou conhecimentos neste momento; Deus lhe deu mais potencial do que pode utilizar em uma vida inteira. Levante-se e o utilize.

Pensar que você não pode ter amplas dimensões é uma grande injustiça, e é também a Deus que se comete essa grande injustiça. Como diz a Bíblia, se Deus cuida dos pássaros a voar, por que não cuidaria de você? Por mais belos, necessários e importantes que sejam os pássaros, não são feitos à imagem de Deus, como você. Muitas vezes tentamos fazer algo com as próprias forças, mas este pode ser um esforço grande demais para nós. Mas não para Deus. Você poderá usar a sua força sobrenatural – Deus é o "sobre" e você o "natural". Deus lhe dá forças para realizar o seu potencial.

---

*Temos que aceitar o que acontece; o que importa é enfrentarmos o que acontece com coragem e com o melhor que temos a oferecer.*

– Eleanor Roosevelt

---

Quando acontece algo que o leva a questionar a sua missão, é preciso ter fé: esse acontecimento talvez seja mais um passo em direção a algo muito maior. Como dissemos, abra espaço para as grandes coisas em sua vida. Faça uma limpeza no caos dos pensamentos negativos, das inseguranças e das falhas nas decisões. Você tem tudo o que precisa para atravessar as barreiras, e vou lhe falar como utilizar seus recursos.

Uma vez, eu estava falando em uma imensa igreja, em Los Angeles. Depois, um jovem veio a mim e disse que gostaria de fazer o que eu fazia – queria ajudar as pessoas a melhorarem as suas vidas. Naquele instante, decidi dar a minha Bíblia para ele.

Claro, as Bíblias são muito importantes para mim, mas aquela era especial. Eu tinha usado aquela Bíblia por cerca de quinze anos. Conhecia todas as suas dobras e curvas, ela estava cheia de anotações por toda parte. Mas eu a dei para aquele jovem e disse: "Tenha um grande futuro".

Alguns anos depois, esse homem me procurou. Ele apareceu à minha porta para me devolver aquela Bíblia, pois havia sofrido alguns transtornos. Ele disse: "Tim, encontrei muitos obstáculos e dei as costas para tudo o que acho certo e verdadeiro. Por isso quero devolver esta Bíblia para você". Eu disse: "Parece que você precisa desta Bíblia mais do que nunca. Eu não vou aceitá-la de volta. Este presente que lhe dei será uma lembrança constante do que penso de você, eu acho que você vai transformar o mundo e entrar para a história. Acho que você é alguém que vai realizar grandes coisas". Surpreso, ele sorriu e disse: "Não acredito que você ainda acredita em mim". Eu disse a ele que o jogo da vida ainda estava começando e que eu o ajudaria a navegar através dos desafios. Ele acabou por fazer boas coisas, e sei que você também fará o melhor que puder.

Pense em como você se sentiu na última vez em que alguém, ou algum incidente, provocou indigestão em sua vida. O que aconteceu? Primeiro, você perdeu o foco. Ficou pensando no que é que deu errado. Xingou muito. Não deveria ter me acontecido isso. Coisas ruins não devem acontecer a pessoas boas. Mas acontecem. Ken Keyes disse: "Nenhum ser humano jamais teve o poder, o prestígio, o conhecimento suficiente para superar a condição básica de toda a vida – você ganha algumas vezes; outras, você perde". Depois de xingar, você pode ter nutrido a sua má sorte por algum tempo. Ter falado para a família sobre as coisas terríveis que acabaram de acontecer. Ter lamentado com seus amigos a injustiça daquilo tudo.

Talvez você tenha ensaiado tudo para você mesmo e para qualquer pessoa que o ouvisse. Voltou-se para ver como cada passo poderia ter sido diferente. Ou apenas cruzou os braços e ficou se lamentando. E o que restou depois que você xingou, nutriu, ensaiou? – pergunta-se Zig Ziglar. Você continuava a ter indigestão.

## Transforme o caos em mensagem

Como Marvin, quando algo dá errado, você pode sentir que falhou. Geralmente, quando falamos de fracasso, estamos na verdade falando que algo em nós falhou – que houve uma fraqueza, uma ausência de visão, uma falta. Ficamos envergonhados: depois de trabalharmos tanto, não temos nada a mostrar. Mas não é esta a visão de Deus.

Uma das histórias mais interessantes da Bíblia é a do filho pródigo. Tenho certeza de que todos vocês se lembram da história, mas pode haver alguma parte que esqueceram. O filho pródigo queria receber sua herança logo; mas quando seu pai a deu, ele partiu e gastou tudo em uma vida libertina. Penso nesse tipo de vida como erro de avaliação. Ele não avaliou as suas dádivas e não soube usá-las. Logo chegou o tempo em que nada lhe restava; desperdiçara tudo o que tinha, fala a Bíblia, e encontrava-se em um momento de grande necessidade.

Quando lhe voltou a razão, viu que não poderia continuar vivendo daquele modo — mesmo quem trabalhava para seu pai tinha uma vida melhor do que a que ele estava vivendo. Então decidiu voltar para casa e ao menos conseguir um emprego qualquer. Ele entendeu que seria um fracasso total, a não ser que voltasse para o lugar de onde vieram as suas dádivas. Seria sempre um perdedor, a não ser que voltasse às fontes de sua força.

Uma das coisas que você pode tirar disso é que, às vezes, é quando agimos de má forma que vislumbramos o que precisamos mudar em nós. Algo precisa dar errado, precisamos ver um mau exemplo para percebermos qual é o caminho certo.

*Quando uma porta se fecha, outra se abre; mas tantas vezes olhamos a porta fechada, por tanto tempo, com tanta pena, que não vemos as portas que se abrem para nós.*

– Alexander Graham Bell

O pai dele, porém, tinha uma idéia totalmente diversa. Ele viu o filho com olhos de compaixão. Mesmo quando o filho andava em maus caminhos, o pai se preparava para a redenção do filho. Enquanto seu filho vivia em libertinagem, o pai teve fé para fazer sandálias especiais, uma roupa especial e um anel especial para o filho. O pai planejou a festa que seria dada ao filho, comemorando o seu retorno, e preparou um bezerro para o banquete.

Segundo a Bíblia, o pai diz aos servos: "Tragam o bezerro gordo". Mas isso não significa que os servos foram ao campo procurar o mais gordo dos bezerros. Em grego, as palavras do pai significam: "Tragam o bezerro designado. Tragam o bezerro que designei para este dia". Ele tinha que prever o futuro. Sabia que seu filho retornaria, já tinha escolhido o bezerro e preparava-o para a ocasião. E um bezerro cresce logo; assim, o pai sabia que logo o filho retornaria.

Aqui, há muitas idéias úteis a nós. Primeiro, você regressará dos desapontamentos e transtornos, irá superar os obstáculos – com certeza. Segundo, quando retornar ao lugar que origina a sua força, em seu coração e mente, em sua fé, você será recompensado. Quando algo der errado, Deus estará designando onde você terá de aprender algo novo, onde terá de ficar mais forte. E se você tiver a determinação, ficará mais forte.

*Esqueça as conseqüências do fracasso. O fracasso é apenas uma mudança temporária de direção para colocá-lo a caminho do próximo sucesso.*

*– Denis Waitley*

Então não é preciso se culpar por uma fraqueza ou deficiência, depois de bater em um obstáculo na estrada. Tais pensamentos negativos são naturais, mas se você olhá-los cuidadosamente, verá que não são úteis. Não se culpe – investigue a situação e veja o que você precisa fazer melhor da próxima vez. Não leva a lugar algum culpar outra pessoa ou coisa – um colega, um parceiro de equipe, o tempo. Que bem lhe traz? As outras pessoas não vão mudar. Não adianta lastimar a má sorte, pois ela não vai mudar, a não ser que você a faça mudar. O melhor que você pode fazer é aprender com o que aconteceu e mudar a si próprio.

Quando eu tinha quinze anos, conheci um jogador de futebol americano chamado Isaiah Robertson. Isaiah jogava para o Los Angeles Rams, antes de eles irem para Saint Louis. Ele jogava na defesa, e seis vezes foi escolhido como o grande jogador. Ele aparecia em casa e às vezes vinha ver os meus jogos de beisebol dirigindo um enorme Mercedes e com ótima aparência. Mais de dez anos depois, fiquei chocado ao descobrir que Isaiah tinha se envolvido com drogas e perdera quase tudo o que havia ganho durante anos. Ele estava desesperado.

Eu disse a ele: "Eu quero fazer uma coisa radical. Venha morar comigo". E ele veio. Eu estava começando a ter sucesso dando conferências, e até estava trabalhando com alguns times profissionais. Durante os primeiros meses, Isaiah encontrava-se bastante preso ao passado. Caminhávamos e ele falava sobre correr atrás de Roger Staubach ou pegar Robert Newhouse na linha do gol – coisas que eu havia visto no Monday Night Football. Mas ele sempre falava de sua vida no tempo passado, como se fosse uma grande vida que tivesse acabado.

Veio-me uma passagem da Bíblia (Isaías 43, 18-19): "Não fiqueis a lembrar coisas passadas, não vos preocupeis com acontecimentos antigos. Eis que vou fazer uma coisa nova". É duro abraçar as coisas novas quando se está sempre olhando para trás, para antiguidades. Eu disse a Isaiah: "Se você sofreu um fracasso, a sua vida não terminou. Você não precisa permanecer onde está. Ante seus desafios, você tem é que se levantar".

Um dia, eu estava falando numa reunião, e vi um Isaiah diferente: o rosto mostrava-se vivo e brilhante. Depois, perguntei a ele o que fizera a diferença. Ele disse: "Tim, eu entendi. Compreendi mesmo. Algo grande está para acontecer na minha vida". Ele não estava errado. As coisas começaram a dar certo, e ele abriu um rancho para jovens envolvidos com drogas e álcool. O rancho chamava-se Casa de Isaiah. Ele tinha passado por sua prova e a transformado em testemunha; transformou o seu caos em sua mensagem. Centenas de jovens já passaram pela Casa de Isaiah e conseguiram mudar as suas vidas – pois uma pessoa decidira se levantar.

## A realidade da mudança

Agora, você realmente começou a embarcar a caminho do sucesso, e estará lidando com as realidades da mudança – mudança em sua vida exterior e mudança em seu interior. Mesmo não mudando toda a sua vida de uma só vez, qualquer mudança pode desequilibrar. O que não vem a ser uma sensação confortável, e a sua primeira reação pode ser querer voltar ao equilíbrio anterior. Se este não era satisfatório, ao menos você sabia quem era. Mas a melhor maneira de você reagir é encontrar uma nova posição de equilíbrio. Em vez da facilidade e conforto em permanecer sentado, você pode estar de pé, ativamente, e olhar para a frente. E a seguir andar. E depois correr.

---

*O fracasso é o tempero que dá ao sucesso o seu sabor.*
– Truman Capote

---

O fracasso é uma forma de a vida lhe ensinar algo. Você não pode ter sucesso a não ser que fracasse. É naqueles 90% de vida imperfeita que você aprende a torná-la melhor. Henry Ford disse: "O fracasso nos dá a oportunidade de começar novamente, de forma mais inteligente". Você pode aprender algo quando for rejeitado, quando cometer um erro, quando tomar a direção errada. É assim que você transforma o seu caos em sua mensagem.

---

*O fracasso faz parte do cardápio da vida, e nunca fui uma menina que deixasse de experimentar algum prato.*
– Rosalind Russell

---

Não é a oposição à sua missão que cria o fracasso, mas sim como você reage a ela. Todos criam as próprias realidades baseados na percepção pessoal da situação. Marvin simplesmente cruzou os braços e deixou que o Mastigador de Lápis, seu chefe, passasse por cima dele. Isso é até natural. Mas o que ele não pode fazer é deixar que isso aconteça novamente. Quando você está enfrentando uma oposição, pode crescer ou se apequenar; você pode gritar ou sussurrar, pode dar passos largos ou tropeçar. Você tem que criar a sua aceitação, tem que fazer a sua conexão, tem que fazer o seu sucesso.

## Concentre-se no verdadeiro problema

O primeiro passo para sair do retrocesso é recuperar a sua concentração. Ultrapasse o empecilho mentalmente. Entre novamente em sintonia com a Rede Tudo é Possível e pense aonde você quer ir e por que deseja chegar lá. Lembre-se de qual era a sua meta e por quê. Veja o que aconteceu, aceite e avalie. Não dê uma sentença a si mesmo. Dê a sentença ao que aconteceu. Descubra o que você poderia ter feito melhor, ou como poderia ter evitado os problemas.

Talvez você precise aprender algo mais sobre a sua meta ou sobre a sua companhia, sobre as pessoas à sua volta. Talvez precise falar com outra pessoa, encontrar um orientador que possa ajudá-lo. Pergunte a ele se o seu problema já aconteceu a outra pessoa e, se sim, como a pessoa o resolveu. Talvez você tenha tido apenas má sorte, ou talvez se encontrasse no momento errado. Se for esse o caso, prometa que vai permanecer tentando, até que tenha boa sorte, ou até que crie a sua boa sorte. Permaneça tentando até que o momento seja bom, ou até que o seu momento seja bom.

Seja honesto consigo mesmo, e peça aos outros que sejam honestos com você. Ninguém acerta na primeira vez, ou mesmo na segunda. Falemos do videogame de Marvin. Talvez aquele tipo de jogo tivesse sido um verdadeiro fracasso, na última vez em que a companhia tentou lançá-lo. Quem sabe, se tivesse perguntado a um de seus colegas, saberia que o Mastigador de Lápis odeia jogos onde só há quatro opções e uma escolha a ser feita. Talvez, se lesse mais sobre o que os concorrentes estavam fazendo, ele teria descoberto que uma outra empresa já lançara um jogo semelhante, um mês antes. Talvez o Mastigador de Lápis goste de arrasar a todos que fazem a sua primeira apresentação. Não, não é justo. Mas é uma lição de vida.

*Quase todo sucesso parte de um obstáculo ou de um fracasso. O maior motivo de ter me tornado um cartunista foi ter fracassado em minha meta de vir a ser um empresário bem-sucedido.*
– Scott Adams

O segundo recurso a usar é a nossa velha amiga, a imaginação. Passe um tempo a colocar os pés novamente no chão e a sentir a comoção de seu sonho. O fracasso nos ensina novas formas de usar a imaginação. Quando você estava estabelecendo as suas metas, preparando-se para o sucesso, você passou um tempo a visualizar como serão as coisas quando você for bem-sucedido. Você imaginou como seria a sua aparência, o que sentiria, do que desfrutaria. Agora, você tem que fazer o mesmo com a oposição. Encarar a oposição, esperar a oposição, lidar com a oposição, são passos-chave para obter o sucesso. Você tem que substituir a visão de "contratempo" por uma visão de "um passo para trás".

Ao sofrer a experiência do contratempo, você adquire um novo ingrediente para o seu sucesso. Quando você muda o que não deu certo, quando você ajusta o seu comportamento ou a sua atitude, torna sólido o chão em que pisa.

*A vida constantemente nos oferece novos meios, novos recursos, mesmo quando nos encontramos reduzidos à imobilidade. No grande livro da vida, não há bens congelados.*
– Henry Miller

Quando tudo estava indo na direção certa, você não queria pensar em como se sentiria se houvesse uma súbita reviravolta. Você não queria retornar aos lugares onde as coisas não o favoreciam. Mas algo a aprender no caminho para o sucesso é nunca evitar pensar em tempos difíceis, em fracassos, em cometer erros, em estar só. O psicólogo Joyce Brothers disse: "A pessoa que deseja o sucesso tem que aprender a ver o fracasso como uma parte saudável, inevitável, do processo de alcançar o topo". Parte inevitável. Reformule a sua visão do futuro para incluir o fracasso. Não deixe apenas o subconsciente ouvir isso. Diga a si mesmo: "A vida me ensinará lições, algumas vezes disfarçadas. Cabe a mim descobrir as suas verdadeiras formas". É preciso coragem para encarar esse fato, mas, assim que o fizer, você se sentirá melhor.

A seguir, recorra mais uma vez à persistência. Você imaginava que tudo aconteceria da forma que você quisesse? Você estava lendo a versão doce e suave de sua vida? Thomas Edison disse que ele fez mais de mil experiências antes de conseguir fazer a lâmpada funcionar. Mas ele não as descreveu como mil fracassos – disse, simplesmente: "Dei mil passos". Se Edison tivesse desistido depois de 999 experiências, não teria mudado o mundo.

Você cometerá erros ao tentar realizar a sua meta. Dará um jeito de comer alguns bombons durante a sua dieta, ou de fumar um cigarro às escondidas. Fará uma proposta que será descartada com desprezo. Mas se aprender algo com tudo o que vier a acontecer, terá dado um passo à frente. Talvez tenha que aprender 999 novas coisas para atingir a sua meta, fazer 999 experiências, como Edison, mas cada nova idéia, cada nova abordagem, deixa-o um passo mais próximo de sua meta. O importante é não parar, não desistir. Não consegui entrar para o Corpo de Paz, mas não parei por ali, não desisti. Pesquisei e naveguei até encontrar o lugar onde precisava estar.

## Como transformar o fracasso em sucesso

Assim, quando você chega a uma nova situação, aprende uma nova habilidade, precisa pensar e se preparar. Primeiro se preparará para seu sucesso – pesquise e estude, pense e pratique, aperfeiçoe os seus músculos físicos e psíquicos para a atividade que desenvolverá. A seguir, imagine o que fará se não obtiver sucesso – se não conquistar o público, se não tirar a nota mais alta, se não conseguir o emprego que queria. Pense nisso em relação ao que você quer aprender. Decida aqui e agora, antes que venha a acontecer, que não deixará nada impedi-lo. Tenha fé em seu futuro. Não espere a perfeição, mas também não espere o colapso.

Vamos supor que esteja tentando perder peso. Planejou o seu cardápio e calculou os valores nutricionais. Você sabe quando irá comer, o que, e quanto. Ótimo. Agora, imagine que você está se sentando para o jantar, escorrega, bate contra a estante e quebra o vaso que é o seu objeto preferido. Dá vontade de pegar aquele pote de sorvete, pegar a maior colher que puder, e devorar tudo.

Agora, planeje-se para a quebra do vaso. Você definitivamente vai precisar – você certamente merece – olhar para trás, relaxar e recuperar a sua concentração. Imagine-se comendo três colheres de sorvete. Sim, você vai se dar uma compensação por aquela indigestão. Mas aqui está a parte mais importante: você vai ter prazer em tomar o sorvete. Você não vai sentir culpa por recorrer ao sorvete, nem sentir que fracassou, ou que é fraco. Tomar sorvete fará parte de seu plano – o plano de lidar com as indigestões. Imagine que se sentará ali se deliciando com o creme doce do sorvete. Quando terminar, vai pegar a sua tabela de dieta e planejar o que vai comer no dia seguinte, cortar um pouco aqui e ali para recuperar a diferença. Ei, são apenas três colheradas, então não é muita coisa.

---

*Faça seu plano, depois faça-o funcionar.*

– Norman Vincent Peale

---

Então você visualiza-se guardando o sorvete e consertando o desastre. Imagine como se sentirá melhor não só por ter tomado sorvete, mas por ter tido prazer ao tomar pouco. Como eu disse, a vida não é uma corrida de cem metros rasos, é uma maratona. Você nem sempre terá sucesso na primeira vez, ou na segunda, ou na terceira – mas isso só significa que terá mais de uma chance para vencer. De fato, terá muitas chances. A cada vez que fracassar, você terá mais uma idéia de como evitar o fracasso da próxima vez. Quanto mais aprender a superar obstáculos, a enfrentar as oposições à sua missão, tanto mais sentirá prazer em fazer isso.

Prepare-se e visualize. Veja-se superando problemas, veja-se respondendo aos seus críticos. Na próxima vez em que estiver trabalhando numa apresentação, imagine o que responder se seu chefe fizer pouco caso de suas idéias. Pode ser tão simples como estar pronto para perguntar ao chefe o que estava errado – se foi a maneira de apresentar a sua idéia ou a própria idéia. Você pode descobrir que não havia nada de errado com a idéia, mas que não conseguiu comunicá-la adequadamente. Você aprendeu algo.

Se você acrescentar que deseja se beneficiar da experiência do chefe, poderá até ganhar um aliado. Mesmo que seu chefe ainda não aceite a sua idéia, quem sabe ele o auxiliará, da próxima vez.

## Mudança e desafio

Sempre que começamos a sintonizar a Rede Tudo é Possível, sempre que agimos dentro do propósito, das paixões e das prioridades que identificamos em nosso interior, adentramos o rio da mudança. Em veredas grandes ou pequenas, a vida muda.

Muitas pessoas não gostam de mudanças. Estão felizes em viver dentro de suas zonas de conforto. Podem até ter medo da mudança. Querem ficar fora da tempestade. Mas acreditar que você pode evitar as mudanças, ou evadir-se das mudanças, é fantasia. Algo constante na vida é a mudança, e você pode mudar com ela, ou ser deixado para trás.

Espero que você não relute em mudar, e que não tema a mudança. Se olhar para trás em sua vida, verá que mudou muitas e muitas vezes. Se não se encontra onde quer estar atualmente, isto não quer dizer que as mudanças o levaram a falhar – de fato, provavelmente quer dizer que você não mudou o suficiente.

Espero que os três "p" – propósito, paixões e prioridades – tenham lhe dado vontade de mudar, ou ao menos a disposição para provar esse cálice. Mas quero também que você entenda que a mudança vai testá-lo – mais do que isto, vai colocá-lo à prova. Prova é uma palavra maravilhosa. Além do significado usual da evidência de algo, pode significar também "testar a força ou a durabilidade". A mudança também faz isso. Prova também quer dizer "tratar ou revestir, a fim de tornar resistente a danos ou deteriorações". A mudança faz isso também – ao resistir à oposição, você se fortalece fisicamente e espiritualmente.

Quando você encara a mudança de frente, quando você verifica e aprende com seus erros, quando você fracassa no futuro, é isto o que lhe acontece. Você se torna resistente a danos. Você foi "provado". Encarar a mudança requer aquele outro nutriente essencial, a coragem. Há uma história maravilhosa na Bíblia sobre a coragem de mudar. No Evangelho de Mateus (8, 21-23), Jesus chega aos discípulos caminhando sobre as águas do mar, durante uma grande tempestade. Os discípulos não conseguem enxergar muito bem em meio à tempestade; então, Pedro grita: se realmente for Ele quem está chegando, que diga a Pedro para caminhar sobre as ondas, até Ele. Jesus diz: "Venha", e Pedro começa a pisar sobre as ondas. Enquanto mantém os olhos em Jesus, Pedro consegue andar sobre as águas, mas quando ergue os olhos para ver o que está acontecendo, como está a tempestade, e tira os olhos de Jesus, ele submerge.

Assim, Pedro consegue superar o obstáculo e enfrentar o desafio enquanto mantém os olhos em uma meta de longo prazo. As tempestades virão, mas enquanto você mantiver os olhos em seu propósito, mantiver a coragem de concentrar-se apenas na sua meta, e em nada mais, não há o que não possa alcançar.

Todos nós enfrentamos tempestades em nossa vida, mas temos que aprender a superá-las. Existem três maneiras. Algumas tempestades, você atravessa. Você mantém-se firme e permanece paciente ante o desafio. Algumas tempestades, você acalma, com a ajuda da paz divina de Deus. E de algumas tempestades, você passa por cima. Você faz algo que nunca pensou poder fazer antes. Você consegue aquele emprego que achava que não iria conseguir. Você passa por cima dos fatos, como eu disse. Você ignora o que todos dizem, ignora o que foi feito antes e enfrenta o desafio. Você caminha sobre as águas, passa por cima dos fatos. Quando eu tinha dezenove anos, não consegui entrar na universidade que escolhera, mas com vinte e poucos anos eu estava lecionando nessa mesma universidade.

---

*Se você deseja o arco-íris, precisa agüentar a chuva.*

---

Nunca deixe o ontem dominar completamente o hoje. Se algo ruim acontece um dia, aprenda com aquilo, e siga adiante, pois pode ter certeza de que algo novo acontecerá depois. A vida pode ser compreendida retrospectivamente, olhando para trás, mas deve ser vivida prospectivamente, olhando adiante.

Não existe algo como o "fracasso" – ele é uma oportunidade para se melhorar.

Use a imaginação, a concentração e a persistência, para superar os contratempos.

Se cair de uma bicicleta, volte a subir nela imediatamente – não deixe o medo paralisá-lo.

Reveja o que não funcionou da maneira planejada. O que aconteceu de errado, e como você pode mudar os resultados?

## O DIÁRIO DE SUA VIDA PLENA

Durante os mais difíceis momentos de nossa vida, encontramo-nos crescendo, mudando e aprendendo, mesmo quando não o percebemos. Pense em tais momentos de sua vida. Pode ser difícil pensar neles, mas vale o esforço. (E quanto mais o fizer, mais fácil se tornará). Comece pensando em algo que aconteceu há muitos anos.

Como você reagiu? Saiu dando pontapés? Encolheu-se dentro de si mesmo durante semanas ou meses? Você procurou a ajuda dos outros?

Quanto tempo levou para você se sentir bem novamente?

O que o ajudou, acima de tudo, para você restaurar o seu equilíbrio?

Quais foram as suas mudanças, depois disso?

Olhando para trás anos depois, aquele lhe parece ser um momento vital de sua vida? Que novas forças ganhou com esse acontecimento?

# 9
# Transformando o deserto em "dessert"

Selene entra no restaurante, e parece totalmente arrasada. Ela exclama: "A minha empresa está diminuindo o número de funcionários. Fui despedida". De repente, tudo o que ela tinha realizado, todo o progresso que havia feito, desaparece, evapora-se, da mesma forma que seu salário e seu plano de saúde. Isso não é apenas um contratempo. É um desastre. É então que ela se pergunta, com verdadeira angústia: Por que eu? Por que isso tinha de acontecer comigo? Não fiz nada de errado! Fiz tudo o que podia!

— Eu desisto! – Selene grita. — Não ligo para desenhar! Quero apenas um emprego seguro, que estará sempre ali. Quero alguém que cuide de mim!

No último capítulo falamos sobre como superar os retrocessos e os obstáculos com motivação e concentração, e como utilizar os erros para recuperar o impulso e seguir em frente. Neste capítulo gostaria de falar mais sobre como usar a adversidade – como utilizar aqueles momentos realmente poderosos da vida, que nos levam a cambalear emocionalmente. Não importa como eles sejam devastadores, quando acontecem; mesmo assim, eles vêm a ser parte do plano de Deus, esboçado para você.

Nada que você experimenta na vida é sem valor; luta alguma é sem sentido, perda alguma ficará sem recompensa. Digo a Selene que ela sobreviveu a tempos difíceis antes, e pergunto se ela vai receber o seguro-desemprego. "Sim. E tenho um pouco de dinheiro guardado. E estão deixando que eu fique mais um mês para arrumar as coisas. Para achar um emprego, na verdade."

— E geralmente eles estendem os benefícios de saúde pelo menos por mais algum tempo.

— É. Por mais três meses, ou algo parecido. Depois eu tenho que pagar.

— Você acha que deveria ficar doente logo, então?

Ela joga um pacotinho de açúcar em mim, e não consegue esconder um sorriso, por um instante.

— Você aprendeu muito naquela empresa, não foi?

Ela diz que sim, e conversamos um pouco sobre empregos. Eu lhe pergunto sobre o corte de funcionários.

— Assim, eles foram comprados por um daqueles conglomerados, e esse truste achou que poderia despedir metade do pessoal, se os que ficassem trabalhassem o dobro.

— Você recebeu elogios de alguns clientes, não foi?

— Bem, de alguns.

— Acha que te contratariam como autônoma, *freelancer*?

Só estou buscando levar Selene a contar com as suas bênçãos. Uma das coisas que aprendi foi: quando você está diante de um verdadeiro contratempo, diante de uma daquelas tempestades a vir do nada, e a virar a sua vida de ponta-cabeça, a primeira coisa de que precisa é gratidão.

Pode parecer estranho, até mesmo impossível, mas virar as costas para os seus aspectos negativos, e concentrar-se em seus aspectos positivos, vem a ser um instrumento poderoso. Volte-se para si mesmo e agradeça pelo que tem; pode ser a sua fé, pode ser a sua família, pode ser a sua educação, pode ser a sua experiência. Olhe bem para verificar o que você tem: poderá ficar surpreso com a vasta quantidade de seus bens. Se você vem trabalhando em seu plano e desenvolvendo aptidões, já possui mais do que antes. E haverá muito mais por vir. Há momentos em que a vida real fere-o com tanta força que você passa a rolar, quase incapaz de lidar com a dor da situação. Nestas horas é que você precisa de gratidão, e é nestas horas que ela mais o ajuda. A gratidão é uma das emoções mais energéticas e poderosas que você pode desenvolver.

Uma das minhas histórias favoritas é a de Saulo, que se tornou o apóstolo Paulo. Mas Saulo, antes de se tornar discípulo, era famoso por perseguir cristãos. Ele mandava jogar as pessoas em sacos de cobras, cortar os braços delas ou queimá-las. Mas Deus sabia que ele era uma pessoa forte e fiel, e que seria igualmente forte e fiel a serviço de Cristo, se ao menos pudesse vir a entender. Jesus apareceu-lhe através de uma luz ofuscante e perguntou-lhe: "Por que você está perseguindo o meu povo?". Então Saulo tornou-se cristão e queria ser um discípulo.

Mas os discípulos o rejeitaram. Não é difícil imaginar por quê. Então ele foi para o deserto e lá passou anos, antes de voltar a pregar. Em Filipos, ele e seu companheiro Silas foram espancados e açoitados. Então, foram lançados nos confins da prisão, com os pés presos no cepo.

---

*É no sofrimento que saímos do luminoso e superficial filme da existência; do vaivém do tempo e das coisas inúteis; e nos encontramos na presença de uma verdade mais profunda.*

– Yves M. Congar

---

Saulo não estava em uma posição confortável, mas a Bíblia diz que ele começou a cantar seus louvores a Deus. Ele sabia que Deus tinha um plano para ele e, em meio ao sofrimento, sentiu-se grato. Para Saulo, era importante sentir gratidão, e este sentimento era tão forte que ele simplesmente começou a cantar. Por volta da meia-noite, um terremoto destruiu o cárcere e libertou Paulo e Silas.

Quando você está na posição errada, aquele terremoto entra em seu interior. A gratidão pode colocá-lo na posição certa, pode levá-lo a um sentimento certo, mesmo quando você está na posição mais errada possível. A gratidão não é apenas um desejo e uma esperança. A gratidão é um reconhecimento e uma confirmação de que há um plano, há um motivo, há uma promessa, e que você pode desfrutar deles.

Um dos mais incríveis exemplos de gratidão que conheço é a história de Aimee Mullins. Aimee é um grande sucesso como atleta e modelo. E também sofreu dupla amputação.

Ela nasceu com um osso a menos em ambas as pernas, e seus pais tomaram a decisão dolorosa, porém corajosa, de colocar-lhe pernas protéticas. Ela enfrentou o problema com naturalidade e, aos dois anos, conseguiu andar.

Aimee disse: "Logo decidi transformar quaisquer obstáculos em forças, e atacá-los de frente". Ela fez tudo o que seus irmãos faziam – nadava, jogava futebol, esquiava, e tinha sua própria rota de entrega de jornais. No colégio, competia com atletas comuns.

Depois, ela decidiu se tornar modelo. "Como modelo, consigo enfrentar a ênfase da sociedade na perfeição do corpo. Não existe corpo ideal. O meu é imperfeito, e não posso mudar isso – mas ainda consigo ser atraente. A confiança é a coisa mais sensual que uma mulher pode ter! A verdade é que tenho muita sorte em ter este corpo, pois ele me obrigou a encontrar a minha força e beleza interiores."

A gratidão pelo que você tem pode levá-lo longe, talvez possa até tirá-lo do deserto. Também é preciso coragem: a coragem de dizer que o passado é passado, a coragem de enxergar de forma realista onde você se encontra.

Lembro-me de uma vez em que estava no Havaí. Você sabe que as pessoas surfam naquela região, pois as ondas ali são muito grandes. São grandes e incessantes. E lá estava eu em meio àquelas ondas imensas, e não estava acostumado com elas. Uma onda vinha e me deixava submerso. Eu tentava me levantar, então chegava outra onda e me submergia novamente. Eu me levantava e pá – mais uma onda me atirava para baixo. E outra, e outra, e mais outra, até que finalmente uma arrancou o meu calção. Eu estava cansado, estava dolorido, estava nu, e lá veio mais uma onda.

Agora dou risada disso, mas a vida não é assim mesmo? Você pensa que está pronto para dar o próximo passo e sair do fundo do poço, então alguma coisa vem, choca-se contra você, e o coloca submerso novamente.

## Uma temporada à deriva

Esse tipo de situação é o que chamo de estar à deriva. Isto significa estar à margem de algo, ser deixado de lado, abandonado, sem rumo. Todos querem estar certos, entender corretamente. É um desejo natural, mas nem sempre o melhor para você. O fato é: você vai passar um tempo do outro lado, à deriva, no incerto. Pode ser doloroso, pode ser solitário, pode ser devastador.

Tim Allen sabe a sensação disso, e eu consigo entendê-lo. Quando ele tinha onze anos, o pai foi morto por um motorista bêbado. Tudo mudou para ele. Assim ele descreve: "Um dia, uma parte de seu lado emocional está aqui; outro dia, não está mais – e você tem este buraco negro, aberto, no lugar. Se você não lidar com esse vazio e plantar alguma outra coisa, com o tempo ele se enche de um tipo de lama". Essa é uma boa descrição de estar à deriva – e de como pode ser ruim sentir-se assim. "Eu não tinha idéia do que fazer com o fato de o mundo ser tão cruel."

Talvez não seja por acidente que Tim Allen também estudou filosofia, quando foi para a universidade, e depois religião comparada. Mas ele também começou a beber e a tomar drogas, tentando medicar a dor de sua alma. Ficou tão ruim que acabou indo para a prisão e para os Alcoólicos Anônimos. Foi aí que ele começou a reagir. "Houve um momento em que senti uma ligação direta com aquilo que me trouxe para cá. Por sentir essa conexão – sentir que há um propósito nessa coisa toda –, posso dizer: "Tudo vai dar certo".

Engraçado, não é? Dois "Tims" foram atingidos pela mesma pancada, mas seguiram rumos bem diversos – e depois voltaram para um lugar semelhante. Pois tudo vai dar certo, através da ligação com o Espírito que move a todos.

Tim Allen passou uma longa temporada à deriva, mas ele também se tornou bem-sucedido e um ator e comediante altamente admirado. Há alguma conexão aqui? Acredito que haja. Alguns de vocês estão provavelmente pensando estar felizes por não terem sido lançados à deriva. Ufa, vocês estão pensando, já passei por uns maus momentos, mas nunca nada como isto! Eu não preciso deste tipo de tristeza! Mas você está olhando pelos seus olhos, do seu ponto de vista. Acho que, se olhar do ponto de vista dos olhos de Deus, tudo pode parecer um pouco diferente.

---

*Sem dor, não há aplausos; sem espinho, não há trono; sem coragem, não há glória; sem cruz, não há coroa.*

– William Penn

---

Quero contar uma história, uma história da Bíblia, mas espero que você veja que não é uma história que fala apenas para quem acredita. Fala uma verdade que é tão verdadeira para mim como será para você e para a pessoa no ônibus, ao seu lado. É apenas uma história que fala a verdade sobre estar à deriva.

É a história de Moisés, e aposto que você já a ouviu, mas talvez apenas na versão adaptada. Deixe-me tentar dar à história o seu contexto e os seus fundamentos. Moisés foi encontrado entre os juncos, quando bebê, e foi levado à filha do faraó, que o adotou. Assim, mesmo sendo órfão, a orfandade não foi o motivo de seus tempos sinistros. Ao contrário. Foi criado com amor, carinho e cuidado. Deram-lhe a melhor educação, foi formado para ser um dos grandes aristocratas do Egito.

Então, um dia, foi ver seu povo, os hebreus, trabalhando nos campos. Ali, viu um egípcio batendo em um hebreu e, ao perceber que não havia ninguém observando, matou o egípcio. No dia seguinte, voltou aos campos e viu dois hebreus lutando, e perguntou a eles o motivo. Entretanto, lembre-se de que Moisés era um dos dirigentes – apesar de ter nascido judeu – e os dois hebreus com quem falava o viam apenas como um aristocrata. Estavam assustados. "Quem o tornou nosso chefe e nosso juiz?", perguntou um dos homens.

Moisés teve medo. Alguém me viu matando aquele egípcio, ele pensou. Tenho que ir embora daqui. Ele estava certo. De repente, sua vida estava às avessas. Havia tomado uma decisão errada, e agora estava à deriva, em vez de estar no prumo. O faraó ordenou que o matassem, mas Moisés fugiu para um lugar no deserto chamado Madiã. Ali ele ajudou algumas moças perto de um poço, e elas o levaram para casa. O pai delas naturalmente queria que suas filhas se casassem, e Moisés parecia tão bom quanto qualquer outro que já havia aparecido por ali. Então, Moisés casou-se com a filha mais velha, Séfora, e ficou trabalhando para o sogro, no deserto.

Então lá estava Moisés, no deserto. Estava mal. Estava pensando: O que aconteceu com toda aquela tranqüilidade, com todo o conforto da minha vida? Cuidava das ovelhas. Todos os seus velhos amigos o haviam rejeitado. Estava andando pelo deserto e se perguntando o que sua fé faria por ele. Isto é: estava perguntando-se o que teria acontecido com a sua idéia divina. No Egito, pensara que a tivera, mas estava errado. Ela desapareceu e ele ficou sem propósito. Sentiu-se, diz a Bíblia, como o estrangeiro em uma terra estranha.

---

*Chame o mundo, se quiser, de "vale da confecção da alma". Então descobrirá o sentido do mundo.*

– John Keats

---

Todos – eu, você, Moisés, o Faraó – atravessamos momentos em que tudo parece sombrio. Momentos em que nos sentimos abandonados, quando não temos mais certeza se o caminho que parecia tão brilhante é o caminho que poderemos seguir. Encontramo-nos no deserto.

Então, qual o sentido de estar no deserto?

— Tim – diria você –, do que é que está falando? Não faz sentido estar no deserto. O deserto é sinistro, é o lugar de onde todos nós queremos sair. Não há nada ali – por isso o chamam de deserto.

---

*Ocupai-vos com tudo o que é verdadeiro, nobre, justo, puro, amável.*

– Filipenses 4, 8

---

Já estive no deserto e digo que há muito a se aprender por ali. Tinha decidido ir para um seminário e aprender princípios bíblicos, aprender uma visão da vida verdadeiramente cristã, que me possibilitaria ajudar aos outros. Comecei a estudar muito, buscando fazer o melhor na escola. Pesquisei, tentei entrar numa universidade, mas não consegui. Como você pode ver, não estou recebendo nenhum favor especial aqui. O Corpo de Paz, a universidade, os nãos... – estão me afirmando alguma coisa.

Mas enfim consegui entrar em uma pequena faculdade em Lakeland, na Flórida. É isso mesmo, fui de Los Angeles, na Califórnia, para Lakeland, na Flórida. E posso lhe falar, quando cheguei lá, entendi o que era ser estrangeiro em uma terra estranha. Deus me tirou das danças na Dillon's, no centro da cidade, e me chamou para ser pastor, e me colocou em uma faculdade de estudos da Bíblia, ao lado de uma turma que eu não compreendia. Não nos entendíamos na música, na leitura (exceto da Bíblia), no que fazer em uma sexta-feira à noite. Não conseguia me relacionar com ninguém. Eu era uma pessoa devota, mas, comparado aos outros alunos, mal era batizado.

Eu não tinha o que fazer. Pegava minha Honda Civic, dirigia por Lakeland e me perguntava o que fazer. E o que fiz foi me sentir só. Senti tanta solidão que sentia dor, meus ossos doíam. Não só não conseguia arrumar uma namorada: não conseguia achar uma garota sequer no campus com quem eu desejasse namorar. E me vestia todo elegante na sexta à noite só para ver que lindo eu estaria se fosse sair. Não conseguia deixar de pensar: Deus, isto não está certo. Perdi toda a energia dos meus amigos em Hollywood, toda a energia das boates, e aqui estou, neste apagão, neste blecaute. Sou um alien, um alheio, um estrangeiro.

A certa altura, compreendi que tinha de fazer algo com aquela experiência sinistra. Não sabia mais o que fazer, então lia a Bíblia. Comecei a decorar as escrituras. Eu era totalmente mal compreendido e rejeitado, e tudo o que tinha era Ele. Eu não tinha o que fazer, então orava. Eu não tinha o que fazer, então estudava, ia a reuniões, observava as pessoas, ouvia os pastores. Eu não tinha o que fazer, senão me aprofundar e fortalecer, e foi o que fiz. O seu tempo à deriva pode ser um deserto, ou você pode transformá-lo em *dessert*, em sobremesa. A sua vida é o que você faz dela. Olhe à sua volta, e, acima de tudo, volte-se para o seu interior. É o que fiz, e cheguei a um ponto em que me deleitava com a minha própria companhia. Lia a Bíblia e me sentia à vontade comigo mesmo.

Talvez não fizesse tudo isso, não fossem os tempos sinistros. O que teria acontecido se eu decidisse deixar a escola e voltar a Hollywood? Eu teria recaído nas minhas antigas manias, e provavelmente desistiria dos meus sonhos de ajudar as pessoas. Fico feliz em não ter feito isso. Alegra-me ter passado todos aqueles anos em pleno deserto.

Quase todos acham que devemos fugir do deserto. Ensinaram-nos que viver à deriva é errado, e temos que voltar para o certo, nos endireitar. Mas essas experiências à deriva são as que lhe dão o caráter, a sabedoria e a força para tornar tudo possível. Acredito que há uma temporada à deriva que você não deve fugir, pois essa estação é o tempo de se aprofundar em si mesmo. Você passa pela sua provação, luta contra os seus medos, e se torna mais e mais forte. Viver um tempo à deriva lhe dará a força para permanecer no certo, quando ele finalmente chegar. São as experiências dolorosas da deriva, das linhas tortas, do incerto, que nos ajudam a permanecer no caminho certo, no tempo certo.

---

*O caráter não pode ser desenvolvido no conforto e no repouso. Apenas através da experiência das buscas e sofrimentos a alma pode ser fortalecida, a visão ser iluminada, a ambição ser inspirada e o sucesso ser alcançado.*

– Helen Keller

---

A incerteza lhe trará a sabedoria de que necessita. Vai torná-lo mais forte. E você conseguirá lidar com a dor. Conseguirá lidar com a pressão. Conseguirá lidar com a rejeição. Sem se ajoelhar, se curvar ou se amedrontar. Os médicos chamam de desenvolvimento pós-traumático o que acontece quando enfrentamos um desafio e o dominamos. Essa provação destrói algo em você, mas também constrói algo, e isso é exatamente o que acontece quando você fortalece o corpo. Quando você se exercita com vigor, rompe os músculos, e esses são substituídos por músculos mais fortes.

A Bíblia fala (em Tiago 1, 2): "Tende por motivo de grande alegria o serdes submetidos a múltiplas provações". A provação desenvolve a força interior e a perseverança. Não lhe ofertam a força interior nas Lojas Americanas. E você não a constrói em um dia. Algumas pessoas têm força de vontade para isso, mas não a força em si, pois não estiveram à deriva o suficiente.

*Os infortúnios são como facas, que nos servem ou nos cortam, conforme as apanhamos pela lâmina ou pelo cabo.*

– James Russell Lowell

Às vezes, as melhores lições são as que você aprende tão devagar, mas tão devagar, que você as capta no fundo de seu ser, tão intimamente que você irradia sabedoria. Quanto mais correto for, quanto maior for o destino, mais tempo você poderá permanecer à deriva. Criar uma obra prima leva tempo.

Moisés não vira toda a pintura. Deus viu que Moisés iria liderar milhares de pessoas através do deserto, mas o menino encontrado entre os juncos não iria poder liderar pelo carisma. Moisés não iria mudar o mundo devido aos dias desfrutados entre a mimada elite do Egito. Ele tinha de ter profundidade, tinha de ter força. Quando estavam no deserto, os israelitas reclamaram. Reclamaram que não havia comida suficiente, não havia água suficiente. Reclamaram que Moisés tinha transtornado as suas vidas sem nada dar em troca. Mas Moisés tinha sido desfeito e refeito. Ele esteve à deriva por tanto tempo que conseguiu carregar todos nas costas, rumo à Terra Prometida.

## A vida à deriva é abundante

Claro que é doloroso e cansativo estar à deriva. Se você está assim agora, não posso lhe oferecer uma fórmula mágica que mude a sua vida amanhã. O que posso fazer é lhe dizer que o seu tempo nesse estado não precisa ser desperdiçado. Você pode transformar seu deserto em um santuário – passe algum tempo pensando no que está fazendo neste planeta. Passe um tempo pesquisando. Você pode transformar seu deserto em uma biblioteca; pode dedicar algum tempo a pesquisar e aprender. Leia Shakespeare. Leia a Bíblia. Leia algo sobre as pessoas que realizaram grandes obras. Perceberá que muitas vezes elas também passaram diversos anos no deserto. Pense nos bons aspectos de sua vida, em vez de limitar-se a relembrar apenas os piores aspectos. Agradeça pelo que tem e pelo que pode receber. E não busque partir apenas para fugir.

## As suas perguntas lhe darão as respostas

Mas como você atravessa o tempo à deriva? Bem, há uma força especial que essa condição pode desenvolver em você, e que só pode ser desenvolvida bem ali, no "deserto". O correto, o certo, jamais poderá ensinar-lhe essa força.

Você nunca sabe quanto tempo vai estar *gauche*, em vez de estar certo. Não vai sair do deserto até aprender o que precisa aprender para se dar bem nos caminhos certos. Se sair do estado *gauche*, pode muito bem se encontrar novamente à deriva, pois o caminho certo também não é nenhum piquenique. Há quatro estações para todas as coisas, e uma estação é o tempo da preparação. É como envelhecer um vinho – quanto mais tempo o fizer, mais forte e pleno ficará o sabor.

Faça a si mesmo aquelas perguntas formuladas no desespero, mas faça de boa fé e com o coração humilde. Onde é que você está exatamente? Você está fora do seu caminho, da sua trilha, mas onde é que isso o colocou? Lembre-se de todo o seu planejamento, e lembre-se de que já não está onde estava. Está sentindo calor, mas lembra-se do frio e do frescor.

Como você chegou onde está? O que aconteceu de fato, antes de você chegar ao deserto? Uma doença, um acidente, uma perda inesperada? Não pode ser pior do que aconteceu a um amigo meu. Ele teve a perna amputada. Mas quando entrei no quarto do hospital, ele estava cantando. "Graças a Deus não me arrancaram a outra perna", ele disse. As coisas podem estar mal, mas poderiam estar piores. Assim como fiz quando aquelas ondas me derrubaram, você vai se levantar de novo e usar a força que tem para ficar novamente em forma.

Pode ter de reajustar as suas metas – provavelmente você terá algumas novas metas a realizar, antes de retomar as anteriores. Mas não desista de seus objetivos. Tudo é possível. Use a imaginação para visualizar onde quer estar; use a cabeça para planejar como alcançar isso; use a fé para manter a sua concentração.

O que você está fazendo aqui? Pode estar no deserto, mas o que está fazendo exatamente? Pode encontrar algumas respostas surpreendentes. O que pode fazer? Não há jeito de encontrar alguma sombra no deserto? Não há motivo algum para se sentir grato? O que você aprendeu sobre si que o colocou nesse lugar onde se encontra?

Concentre-se no que está fazendo atualmente – nas suas ações, nos seus hábitos, nos seus pensamentos. Se estiver tendo apenas pensamentos negativos, então terá que varrê-los, livrar-se deles. Não estou dizendo que você pode fazer os problemas desaparecerem, mas com fé e gratidão você pode parar de centrar-se neles. Livre-se do desânimo e crie um espaço para que as sementes em seu coração venham a florescer. Diga – em voz alta – o que você procura, e diga-o de forma positiva.

Por quanto tempo você vai permanecer no deserto, antes de as coisas melhorarem? Vai permanecer o tempo que for necessário. O seu tempo à deriva é um tempo de temperar, de envelhecer o vinho. Você está absorvendo os pensamentos e talentos necessários para seguir a caminho de sua vida plena. Já está se tornando uma pessoa diferente, mais forte. Tudo já está acontecendo.

---

*Ontem é um cheque cancelado; amanhã é uma nota promissória. Hoje é a única moeda que você tem. Use-a sabiamente.*

– Kay Lyons

---

Estar no deserto é um tempo de aprendizagem. Pode ser um tempo de cura. Pode ser um tempo em que você passa a se sentir novamente à vontade para seguir a sua idéia divina, pois você a estuda. Ou você pode descobrir não ser o que pensava que fosse. Talvez perceba haver uma maneira diferente de atingir o seu propósito.

---

*Devemos usar o tempo como meio, não como sofá-cama.*

– John F. Kennedy

---

Era uma vez um homem que sofreu um derrame que o deixou impossibilitado de falar. Tinha sido ator a vida toda, um ator muito bem-sucedido. Como poderia continuar a ser ator, sem poder falar? Precisava aprender a falar novamente, completamente – aprender onde colocar a língua, como usar os músculos da boca, da garganta, dos lábios. Coisas rotineiras de repente se transformaram em esforços gigantescos.

Ele pensou em suicidar-se. Encontrou um revólver e colocou duas balas nele. Após hesitar brevemente, decidindo se apontaria o revólver à testa ou à boca, escolheu a boca.

O tiro acertou um dente. "Ai!" Largou a arma e começou a rir histericamente. Sua maneira desajeitada salvara-o do suicídio. Finalmente, começou a pensar em como o suicídio é egoísta, em quantas pessoas ficariam para trás, a chorar e a sofrer. Este é Kirk Douglas, e ele escreveu um livro sobre a sua experiência. Dez anos se passaram e ele continua fazendo exercícios e escrevendo livros. Então, quando se sentir deprimido, lembre-se do dente de Kirk.

## Três passos e então...

Há três passos a dar que podem auxiliá-lo a sair do deserto, quando estiver preparado: um passo para trás, um passo para fora e um passo adiante – retroceder, sair e avançar.

O dente de Kirk levou-o a sair para fora da situação imediata e a olhá-la sem pena, piedade ou autocomiseração. Deu um passo para trás. Não há nada como um pouco de bom humor para fazer isso, mas sei que às vezes não é nada fácil achar algum bom humor por estar no deserto. É bem famosa a frase feita "rir é o melhor remédio", e apesar de não ser evidente que um bom senso de humor leva a viver por mais tempo, o riso não apenas levanta o ânimo, mas também ajuda a colocar uma distância entre você e seus problemas. Vá assistir a uma comédia, visite aquele amigo que sempre o faz rir, brinque com algumas crianças.

Seja qual for a maneira, você precisa sair de uma situação ruim. Tente se distanciar um pouco dessa situação e – aqui está a parte difícil – abandone os seus medos, preocupações e autocríticas. Imagine, por exemplo, descrever a sua situação ao apóstolo Paulo, enquanto ele se encontrava na prisão, em Filipos.

Agora, deixe-me lembrá-lo em que situação Paulo se encontrava. Ele tinha sido espancado e foi açoitado trinta e nove vezes, acusado de tentar comunicar o evangelho. Em seguida, os carcereiros romanos prenderam seus pés ao cepo, o "pau de arara" dos tempos romanos. Às vezes, os buracos no cepo eram tão distantes um do outro que quebravam os ossos pélvicos da vítima. Esse era um tipo de bônus para os romanos.

---

*Confie mais em si: todo coração vibra nas cordas musicais.*
– Ralph Waldo Emerson

---

Então ali estava Paulo, sangrando, com as pernas esticadas, uma longe da outra. Suponha que você chegasse a ele e dissesse: "E aí, Paulão, você tem um minutinho? Eu tenho umas coisas que estão me incomodando e achei que talvez você pudesse me ajudar". Paulo estaria murmurando um pequeno hino em louvor a Deus, mas poderia levantar os olhos e dizer algo, "tipo assim": – "Pode falar, cara. Sente-se. Não faça cerimônia. Gostaria de lhe dar um espaço aqui, mas esta paradinha é animal, este cepo aqui já está bem pesadinho".

Então você se senta e conta para ele sobre o seu divórcio e sobre as dívidas que a sem-vergonha da ex-esposa deixou pra você e como é difícil ficar trabalhando no mesmo tedioso emprego todos os dias. Agora, o motivo de você falar isso a Paulo é estar bem certo de que ele não vai olhá-lo e falar: "Olhe, você acha que tem problemas?". Não, de fato, Paulo provavelmente vai simpatizar com você, começará a indagar sobre a sua vida e as possíveis maneiras de melhorá-la. E assim que tiver pensado em algo, e em como fazê-lo, ele vai lhe falar: "Confie em Deus". Isso precisamente diante daquela situação-limite. Então, você pode ver do que a confiança é capaz.

Confie que Deus está preparando você para algo maior. Confie em si – confie que todas as coisas pelas quais está passando são meios para você se fortalecer. Perceba que esse momento – o momento que parece tão difícil – é o tempo de que você precisa para vir a desfrutar os bons tempos. Pois mesmo os bons tempos provavelmente não serão fáceis.

---

*A fé é uma posse antecipada do que se espera, um meio de demonstrar as realidades que não se vêem.*

Hebreus 11, 1

---

Essa confiança lhe permitirá dar um passo para trás, um passo além de seus problemas. Sim, você está vivendo maus tempos, mas poderiam ser piores. Sim, é difícil, mas virá a ser mais fácil. Sim, parece não haver saída, mas quando uma porta se fecha, outra se abre. Até mesmo Paulo duvidou de sua força e pediu ajuda divina.

Deus disse: "Minha força se faz perfeita através da fraqueza". Confie. Esteja tranqüilo. Esteja satisfeito. Paulo disse: "Estou satisfeito quando estou deprimido e estou satisfeito quando estou bem".

Uma das coisas que aprendi, naqueles dias solitários na faculdade, foi olhar a grande obra e aceitá-la. Lembre-se: tudo o que lhe acontece é necessário acontecer-lhe. Você precisa atravessar os acontecimentos para aproveitá-los. Às vezes você precisa atravessar o inferno para poder chegar ao paraíso, pois atravessar é o que o torna forte o bastante, dedicado o suficiente, para seguir adiante. Mas você chegará ao paraíso mais rapidamente quando obtém energias da confiança e da gratidão. Quero luz em meu caminho e quero andar a passos largos, mesmo quando me encontro à deriva. Precisamos aprender a desfrutar da viagem, não nos preocupar em saber quando chegaremos.

Aprendi a estar satisfeito naquela escola. Aprendi que podia estar satisfeito no caminho certo e estar satisfeito também no caminho à deriva. Podia atravessar o inferno e permanecer satisfeito. É assim que temos um bom dia, todos os dias. A satisfação não é passividade; não significa que você está deixando as pessoas passarem por cima de você. A satisfação é um porto onde ancorar as suas forças. Ela significa não enfrentar batalhas quando não há uma verdadeira oposição, ou quando não há meios para enfrentá-las. Você se irritou muito hoje de manhã com o motorista que buzinou por você dirigir devagar? Quantas respostas mordazes você imaginou dar – horas depois – às ironias que um colega de trabalho lhe dirigiu?

A satisfação significa manter-se concentrado nas coisas importantes para você e para Deus, não para outras pessoas. Richard Carlson disse: "Não ligue para coisas pequenas... e todas as coisas são pequenas". Quando você não liga para as coisas que o distraem de seu verdadeiro propósito, de sua idéia divina, você tem forças para seguir adiante e fazer o que é preciso fazer. Tem forças para agir, crescer e aprender, pois não perde energias gemendo e se lamentando. Você está cantando.

*Estou sempre voltando, mas ninguém nunca me conta de onde estou voltando.*

– Billie Holiday

Se as coisas não se encontram como deseja (geralmente, não se encontram), dê um passo para trás. Se não sabe o que fazer a seguir, dê um passo para trás. Assim, você consegue distanciar-se de onde está e ver de um ponto de vista divino. Entenda-se com a sua situação. Aceito este fato: não estará sempre escalando para atingir a perfeição; pode chegar a uma montanha-russa, ou a uma série de planaltos. Mas não importa, você manterá seus olhos na grande recompensa. Paisagens vistas de uma nave espacial, mesmo as mais elevadas montanhas da Terra parecem pequenas irregularidades na bela curvatura de nosso planeta. Quando você sair do deserto em que se encontra, verá que ele era um quente dia de verão em um ano com todas as espécies de temperaturas. Quando você sair desse estado à deriva, verá que ele era apenas uma curva na curvatura do processo contínuo de sua vida.

Quando você sabe que se encontra no deserto, mas está satisfeito por buscar e apanhar a colheita fértil do deserto, você pode dar o segundo passo – o passo para fora. Mesmo quando se sente mal, quando está passando por aquele terrível dia espiritual, precisa estar aberto à experiência. Deus preparou o seu regresso; não o perca. Ele precisa de sua cooperação. Se você vive com medo da vida, se não está disposto a seguir adiante, mesmo quando tem um péssimo dia espiritual, perde a única experiência que lhe mostrará como você pode ser capaz. Você perderá o encontro com uma pessoa que pode ofertar-lhe o auxílio de que necessita. Não encontrará o conhecimento que abrirá seu coração e mente para o bem maior que o espera.

*Não dê instruções a Deus; apenas relate as suas ações.*
– Corrie ten Boom

Mas para fazê-lo, precisa ter essas experiências, precisa preparar-se, precisa relacionar-se. Você nada pode fazer, a menos que faça algo – como afirma o velho provérbio, uma viagem de mil quilômetros começa com um simples passo. Não ache que precisa mudar o mundo, e não desdenhe as coisas pequenas. Não tente correr uma maratona imediatamente; comece dando uma volta na quadra. Vá ver a sua mãe e passe algum tempo com ela; faça o jantar para ela. Vá ao boliche e não se preocupe com a contagem dos pontos. O importante é varrer os pensamentos que o impedem de agir, fazer, viver. Não menospreze buscar sentir-se melhor. Não menospreze seus amigos, quando eles lhe oferecem ajuda.

Quando eu estava no seminário, na Califórnia, costumávamos ir a Hollywood falar aos jovens fugitivos, buscando convencê-los a procurar casas que poderiam ajudá-los a melhorar de vida. Certa noite, nosso grupo viu uma menina no bulevar Sunset. Homens passavam dirigindo e gritavam a ela coisas terríveis. Eu e dois colegas vimos a triste cena e decidimos aproximar-nos dela para ver se podíamos auxiliá-la. Às vezes, as pessoas apenas nos mandavam embora, e partíamos, mas não aquela menina.

Seu nome era Katrina. Ela era do Meio Oeste, mas naquele momento se encontrava a andar pelo deserto, pelas ruas de Hollywood, em busca de dinheiro. Tinha dezenove anos e já tinha um filho. Estava cansada da vida e furiosa, especialmente com os homens, pelos fatos que lhe aconteceram. Depois de conversarmos um pouco, perguntei-lhe: "Quando você era uma menininha, andando de bicicleta, imaginava um dia estar em uma esquina do bulevar Sunset, ouvindo homens xingarem você?"

Ela imediatamente começou a chorar, e finalmente sussurrou: "Não, de jeito nenhum". Terminamos encontrando para ela um lugar muito especial, que ajudava meninas fugitivas. Nesse lugar, as pessoas sabiam ajudar as fugitivas a encontrarem seu verdadeiro ego. Por um mês, não a vi, pois ela estava no processo de desintoxicação, mas quando minha equipe finalmente pôde vê-la, ela era uma pessoa totalmente diferente. Sua face estava viva, sua postura estava alinhada e forte. Eu disse: "Ah, meu Deus! O que lhe fizeram?" Ela sorriu e disse: "Lavaram meu cérebro. Você sabe o que está escrito na Bíblia, em Filipenses 4, 8?", ela perguntou, e então citou: "Finalmente, irmãos, ocupai-vos com tudo o que é verdadeiro, nobre, justo, puro, amável". "Tim, eu decidi esquecer meu passado e olhar adiante, para meu futuro." Não voltou a olhar para trás; apenas veio a ser melhor e mais forte. Sua vida parecia tão terrível, mas ela ouviu as pessoas que buscavam ajudá-la. Decidiu-se: se fosse falhar, melhor falhar olhando adiante, contando com a bondade divina.

## Siga adiante, pelo caminho em frente

O terceiro passo é o passo adiante. O passo além do deserto. Volte àquela bicicleta e busque dominá-la novamente, sabendo que, se cair, poderá tentar de novo. Quando puder satisfazer-se com o bom e com o mau, terá a confiança necessária para dizer sim a seu propósito. Poderá sintonizar a Rede Tudo é Possível novamente, voltar às suas metas, paixões e prioridades, enfrentar os desafios novamente. Você não buscará voar com a falsa segurança de que não cairá em breve novamente; será capaz de pensar nas falhas e fracassos, estará preparado para aprender com eles, para colher o significado deles e levá-los a mostrar-lhe como fazer melhor.

Isso pode tomar uma semana, um mês, um ano. Como disse, acontecerá quando Deus determinar que venha a acontecer, mas você precisa estar pronto para permitir que lhe aconteça. Quando você estiver satisfeito com a vida como ela é, terá forças para transformá-la no que ela pode ser. Você aceita estar onde está, e busca formas de fazer melhor, de fazer-se melhor.

Quando acontece o desastre, veja-o com aceitação e gratidão – aceite esta realidade e seja grato pelo que tem.

A adversidade pode fortalecê-lo; não desista, mas não ceda.

Utilize o seu tempo, chame de novo o seu propósito, readquira a concentração, reacenda as suas paixões.

## O DIÁRIO DE SUA VIDA PLENA

Transforme a sua visão do futuro em uma pedra sólida, imaginando o pior que poderia lhe acontecer quando você estiver vivendo a sua vida plena.

Como esse acontecimento afetaria a sua vida cotidiana e o seu tempo livre?

________________________________________________________

________________________________________________________

________________________________________________________

________________________________________________________

________________________________________________________

________________________________________________________

Como você desejaria que a sua família e os seus amigos reagissem? Deixe-os conhecerem as suas esperanças, tanto por si mesmo, quanto por eles.

________________________________________________________

________________________________________________________

________________________________________________________

________________________________________________________

________________________________________________________

________________________________________________________

Se alguém insultá-lo, tentá-lo ou criticá-lo, o que você dirá?

___

___

___

___

___

___

Imagine que você realizou a sua meta. O que fará, a seguir?

___

___

___

___

___

___

# 10

# Viver plenamente é uma arte "culinária", não apenas uma receita

O dicionário define culinária como "um estilo ou técnica de cozinhar". Isto é, vem a ser a forma de você fazer as coisas, não apenas uma coleção de receitas, nem somente uma coleção de técnicas. Há também um significado antigo de *cuisine*, um significado que permanece em francês, italiano e outras línguas européias. Isto é, "cozinha", o espaço onde você faz coisas deliciosas. A sua vida não é uma oficina, um lugar onde você realiza as mesmas tarefas e cumpre os mesmos deveres cotidianos. É um laboratório e um estúdio – um lugar onde você está constantemente experimentando e criando, um lugar que combina arte e ciência. É uma cozinha e também um estilo de viver.

Dei-lhe um amplo leque de instrumentos, técnicas e ingredientes que você pode utilizar para criar uma vida plena, mas também desejo que você pense em sua vida como uma arte culinária, como uma forma de fazer as coisas. Como fala o antigo provérbio: "Dê a um homem um peixe e ele o comerá hoje à noite; ensine-o a pescar e ele comerá por toda a vida".

Vamos rever algumas das técnicas que aprendemos:

1. Os três "p" – os fundamentos que o auxiliam a compreender-se e fazer planos, tornando claros o seu propósito, as suas paixões e as suas prioridades.

2. A imaginação, que literalmente pode mudar a sua vida, abrindo o telhado para a passagem de seus sonhos. Todo sonho que você puder visualizar, visar completa e vivazmente, pode vir a ser verdade – e será verdade se você acreditar em si e nos dons que recebeu. A imaginação provoca a faísca e a energia que cria a motivação.

3. Naturalmente, você não pode deitar na cama, fazer a fama e imaginar essa vida plena. Você alcança as suas metas com concentração e coragem.

4. Quando você passa por maus tempos e encontra-se no deserto, dê um passo atrás, um passo para fora e um passo à frente, para além do deserto, rumo a energias renovadas e revitalizadas, que lhe permitem seguir adiante.

Todas essas táticas e estratégias irão auxiliá-lo a lidar com problemas específicos – hábitos que você deseja mudar, aspectos da vida que deseja melhorar – e, se utilizá-los consistente e persistentemente, estou confiante: você será bem-sucedido e superará cada um desses problemas específicos. Mas o que acontece quando você é bem-sucedido? O que existe, do outro lado do sucesso? Na verdade, há dois resultados possíveis e desejo falar primeiro do sucesso que, ironicamente, pode derrubá-lo.

## Planeje as conseqüências do sucesso

Agora é tempo de começarmos a ver o que você será e o que fará, quando alcançar a sua meta. O aspecto fundamental que você precisa aceitar e planejar é este: você será uma pessoa diferente ao chegar lá e essa diferença se agitará como ventos e vagas, através de sua nova vida, em ondas imensas ou pequenas. Pequenas ou imensas, elas podem submergi-lo quando você menos esperar. De fato, você precisa começar a se preparar para vir a ser essa pessoa diferente. A história de minha amiga Cathy é um perfeito exemplo.

Cathy era muito obesa. Para começar, para vir a ser saudável, precisaria perder cerca de 40kg. Ela sempre fora obesa, tinha chegado aos trinta anos sem jamais namorar, mesmo sendo uma companhia carinhosa e agradável. Às sextas-feiras, sentava-se em casa, só; ia ao cinema, só; ou tomava conta de crianças para as suas amigas. E não apenas: viera a sentir-se confortável com o seu peso e com as restrições resultantes da obesidade. Em geral, estava satisfeita com a vida e com seus rumos. Ultrapassara aquela divina insatisfação que pode lançá-lo a caminho de uma vida melhor.

Então, um dia, ouviu falar em uma nova dieta supervisionada pelos médicos, e teve a percepção de que era o que precisava. Entrou no programa e seguiu cuidadosamente todas as instruções dadas pela equipe. O que comer, como exercitar-se – tudo foi predeterminado. Graças a todos os cuidados médicos, ela tornou-se um sucesso. Perdeu peso e ganhou bela aparência. Um amigo marcou com ela um encontro às escuras e tudo correu tão bem que ele convidou-a para um novo encontro. Parece que era tudo o que Cathy desejava, não?

Não precisamente. Muitas vezes, pensamos que, se perdermos o peso que os médicos nos recomendam, tudo o mais na vida será maravilhoso, mas natural e habitualmente não é bem assim. Não totalmente. Como a supervisão médica tirara de Cathy toda a responsabilidade, ela na verdade não se preparara. Não tinha a mente pronta para mudar tanto. Ficou estarrecida com a nova responsabilidade de ser magra; não podia atribuir todos os seus problemas a seu peso. Se aquela nova pessoa em sua vida não continuasse a convidá-la para sair, ela não poderia reagir a seu peso. Este já não era uma desculpa. Se não tinha melhores atribuições no trabalho, não era por preconceitos relativos à obesidade. Se ela ficava em casa, só, não era por não ser magra como as modelos nas propagandas. Ela não tinha onde se esconder.

Nós já conversamos sobre visar a sua vida plena em todos os seus aspectos positivos, e falamos mesmo em nos preparar para os fracassos e saltarmos para trás deles. Mas, como você está transformando a sua vida, precisa preparar-se para as dificuldades que podem ser parte de seu sucesso, para as diferenças que virão a ser parte de sua vida, e para as pessoas a seu redor também virem a ser diferentes em relação a você. Olhe adiante, de forma que, quando uma oposição à sua missão aparecer, você esteja pronto para colocar-se em nova posição e superar os obstáculos.

---

*É melhor olhar adiante e preparar-se do que olhar para trás e lamentar-se.*

– Jackie Joyner-Kersee

---

Cathy não passara o tempo necessário no estágio de contemplação da mudança – não por culpa sua, pois a dieta deveria fazer tudo por ela. Ela não estava subconscientemente preparada para ser magra, e em breve ganhou novamente todo o peso que havia perdido. Vou diretamente ao ponto de partida. Essa situação não aconteceu somente a Cathy, mas é habitual. Muitas pessoas bem-sucedidas na dieta, depois de alcançar o peso que almejavam, recuperam o peso perdido, lenta ou rapidamente. Um dos motivos é puramente físico – nosso corpo acha ser mais confortável permanecer em determinada categoria de peso. Mas mesmo as pessoas que perdem alguns quilos, permanecendo na mesma categoria de peso, têm problemas em manter-se sem os quilos extras. Por dois motivos.

Primeiro, elas não mudaram realmente. Foram bem-sucedidas ao se negarem coisas que costumavam desejar – mas continuam as desejando. Essa é uma receita para o desastre, mas – espero – o que você levou tanto tempo a aprender iluminará o seu caminho para mudar com sucesso, e você mudará também as suas vontades e desejos: aspirará a fazer exercícios em vez de tomar sorvete, por exemplo.

Segundo – as pessoas recuperam o peso perdido por não saber o que fazer a seguir. Não desejam continuar a perder peso (por não ser saudável ou por ser desnecessário) e não há nada de profundamente satisfatório em subir na balança e ver que – pois é – você pesa o mesmo que pesava na semana passada. Perder peso era o centro emocional de sua vida e, ao atingir o peso ideal, você perde esse centro de gravidade.

Assim, planeje o sucesso de uma parte de seu próprio plano. Pense em seus três "p"– o propósito, as paixões e as prioridades –, faça o tempo trabalhar a seu favor e seja a pessoa certa para o resto de sua vida.

1. Durante os momentos em que range os dentes para evitar comer o prato de bolinhos que sua mãe cozinhou para você, pense no que poderia fazer com toda essa energia emocional extra. Qual o próximo passo para alcançar o seu propósito de vida? Ou uma de suas paixões substituirá a meta de perder peso?

2. Suponha que você passe cinco dias por semana em um clube ou academia, cuidando da saúde. É isso o que deseja fazer quando tiver alcançado a sua meta? Se for, tudo bem, mas se visa reduzir o seu tempo de exercício, trabalhe essa redução em seu plano.

3. Sua rede de apoio para perder peso irá auxiliá-lo a seguir em frente, depois de perder peso? Essa rede inclui pessoas concentradas em um único aspecto ou pessoas que possam acompanhá-lo depois de você cruzar a linha de chegada de sua meta?

O que será crucial para seu sucesso dependerá de qual for a sua meta presente, mas os três "p", ao lado das pessoas e do tempo, sempre representarão um papel principal. Por sorte, Cathy aprendera algo de seu tempo à deriva – tanto como uma pessoa magra, quanto uma pessoa obesa. Ela percebeu por que fracassara em manter-se sem o peso extra – e ela trabalhara tanto para perdê-lo –, em manter-se saudável e no caminho certo: não se encontrava pronta para ser aquela pessoa magra e esbelta. Apenas depois de passar tempos a visualizar o que a sua nova vida poderia ser e oferecer-lhe, ela finalmente aprendeu a desfrutar de cada minuto da vida nova. "Se eu tivesse pensado nisso o tempo todo", disse-me Cathy, "perceberia que precisava preparar-me para as conseqüências do sucesso".

---

*O sucesso é a qualidade de cada momento de sua vida, de seu ser. O sucesso não é algo definitivo, um lugar onde você pode chegar; o sucesso é a qualidade da viagem.*

– Jennifer James

---

No curso do rio corrente, no curso do ato de transformar a sua vida em uma vida plena, em uma vida máxima, você estará sempre verificando e corrigindo a sua visão de sucesso para estar pronto a mover-se com coragem. Se não estiver, você será como Cathy: perderá meses, sem necessidade, a refazer o trabalho que já havia terminado.

## Não deixe o sucesso envelhecer

Às vezes, a própria realização de uma meta pode ser a mudança que você não previu. É o que aconteceu a um dos grandes pensadores motivacionais de nosso tempo, Robert H. Schuller.

Ele disse: "Estabeleça metas – e viva. Evite-as – e as lentas, mas certas, sementes da morte invadirão a sua vida. Por ser dominado pelas metas, vivi com entusiasmo ao passar dos trinta anos, dos quarenta, dos cinqüenta. Ao chegar aos sessenta, pude ver: antes de chegar aos setenta, teria alcançado a minha meta dos quarenta. Senti um declínio gradual em meu nível de entusiasmo pela vida. Senti a emergência de um estranho sentimento que só pude definir como 'crescer velho' ".

O que ele fez? Estabeleceu a si novas metas. Custou um tempo, e custou o apoio de sua família e de seu Deus, mas afinal ele pôde falar: "Senti-me com quarenta anos de novo". Mesmo alguém tão bem propositado, direcionado e experiente como Robert Schuller precisou dar um passo atrás, voltar aos princípios fundamentais.

## Transforme o sucesso em um hábito

Estabelecer novas metas é uma das melhores formas de planejar-se contra as inesperadas armadilhas do sucesso, mas há outras formas que são partes de planejar o sucesso e de transformá-lo em um hábito, e não em um ponto final. Esses princípios gerais irão auxiliá-lo a continuar se desenvolvendo, a continuar se expandindo, dando e recebendo. E são essas ações que transformarão a sua vida: transformarão a água em vinho, um bom prato em uma gloriosa culinária.

## Cuidado com as novas zonas de conforto

Espero que a sua vida seja satisfatória e compensadora, que você esteja contente consigo mesmo e com as suas atividades. Mas cuidado: não confunda satisfação com aprovação. Uma aceitação passiva do que você tem é, às vezes, mais difícil de perceber quando as coisas vão bem do que quando os tempos são árduos. Essa aceitação pode passear furtivamente por você, quando estiver desprevenido, e afinal pode provocar mais danos do que um obstáculo óbvio. É o que chamo de jantar rã cozida. Você conhece a velha anedota: como você cozinha uma rã viva? Se você enche uma panela de água, coloca-a para ferver e joga uma rã, ela saltará para fora, não é? Mas se você encher a panela de água, colocá-la no fogão apagado e jogar a rã, ela apenas nadará feliz. Então você liga o fogão, em temperatura baixa, e a água começa a esquentar, mas muito, muito lentamente. Se você agir cuidadosamente, a rã se acostumará com o calor gradualmente, e, quando você menos esperar, terá uma rã cozida para jantar.

Essa panela é uma zona de conforto onde muitos de nós somos cozidos. Isto é, nos acomodamos gradualmente em uma situação. Você encontrou um emprego melhor que o anterior e é bem visto no trabalho. Ou os seus velhos amigos se empregam e ficam ocupados, e alguns deles começam a desaparecer, de forma que você conversa com eles cada vez menos, pois, afinal, a sua vida mudou e a vida deles também mudou.

Ou você começa um relacionamento com alguém que não é tão mau e vê seus amigos cada vez menos, deixa de ir à pratica esportiva com muita freqüência e deixa de ir àquele curso que fazia. Então o relacionamento termina e você se deprime, mas continua a não ir aos esportes, nem ao curso, nem revê seus velhos amigos. Você se limita a ser "cozinhado" lentamente, sentado em sua panela, até que um dia desperta e percebe que está totalmente cozido. A sua vida não é o que você deseja, e você não vê saída alguma, nem consegue mudá-la.

---

*Você será tão pequeno quanto seu desejo reprimido,*
*tão grande quanto sua paixão dominante.*

– James Allen

---

Assim, mesmo se você não estiver sentindo essa divina insatisfação, permaneça buscando novas coisas a fazer, novas formas de fazê-las, novas pessoas com quem desfrutar das suas realizações. A mudança é constante, e só o que você pode fazer a esse respeito é ter uma certeza: a mudança caminha constantemente na direção que você deseja ir.

Algo a lembrar é que você não irá parar de desenvolver-se apenas porque já se desenvolveu. Cada meta que você alcança fornece-lhe a sagacidade, a experiência e a excitação que o leva a desejar alcançar a próxima meta. Quando você já não salta acima ou abaixo, a cada vez que algo bom ou mau acontece, já pode desfrutar de cada refeição pelo que ela é, e também visar a uma refeição melhor. Suas variedades e recompensas são infinitamente diversas e originais. Desfrute do lugar onde se encontra, mas permaneça a caminho do lugar aonde vai.

De forma semelhante, mesmo se você tem consciência de suas metas e de como planeja alcançá-las, isso não significa que você deve parar de pensar nelas. Enquanto avança em conhecimento, habilidades e confiança, você pode perceber que há formas melhores ou mais compensadoras de alcançar os objetivos. Enquanto você observa, pesquisa e estuda, investiga e navega, aprenderá mais sobre as suas metas e sobre si mesmo. Uma habilidade que você aprendeu em dado momento de sua vida pode ser perfeita em outros momentos. Você conhecerá novas pessoas. Todas elas têm algo a doar-lhe. Não se limite a devorar as novas coisas que você encontra em seu caminho. Mastigue-as bem, experimente todos os sabores que essa nova e delicada guloseima contém, e descobrirá que há muitas formas de desfrutá-la.

Acredito que quanto mais você for capaz de transformar-se, mais desejará fazer de sua vida um acontecimento melhor, mas, dados os desafios e dificuldades da vida, os tempos à deriva que virão inevitavelmente, é fácil dizer-se: Tudo bem, só vou ficar por aqui esperando um pouco. Esperar pode ser bom por um momento, pode ser necessário por um momento, mas esteja certo de que esperar não venha a tornar-se um padrão de vida. Se uma temporada à deriva pode torná-lo mais forte, passar tempos em padrão de espera irá torná-lo mais fraco.

Segundo os cientistas, as principais diferenças entre as pessoas que se tornam campeãs e as que estudam por toda a vida, mas permanecem amadoras, são estas: os campeões nunca deixam de aprender com seus erros, nunca deixam de desafiar-se a fazer algo mais difícil; podem mesmo passar muito tempo aprendendo; às vezes, vão buscar fazer algo muito difícil e irão fracassar, mas também irão encontrar uma forma de utilizar esse fracasso para virem a ser bem-sucedidos.

---

*Enquanto está verde, você se desenvolve;*
*quando estiver maduro, começará a apodrecer.*
– Ray Kroc

---

Mesmo quando você está criando a vida que deseja, haverá tempos em que fará escolhas com conseqüências diversas das esperadas. Se elas forem errôneas, mova-se – isto é, volte atrás e recomece. Mas se não forem precisamente o que você desejou, veja se é possível transformá-las nos eventos desejados. Busque adicionar um pouco de sal, pimenta, açúcar, óleo de oliva, queijo ralado ou picles. Você pode descobrir que a refeição é muito mais saborosa do que o esperado.

## Mude a sua atitude

Talvez você seja obrigado a jantar com parentes. Você implorou e apelou à sua esposa, mas ela não está o deixando escapar. Você não consegue parar de pensar: "Isto não vai ser nada divertido". E se você dissesse a si mesmo: "Eu tenho o poder de torná-lo divertido". Como fazê-lo? Se o seu sogro imagina-o um preguiçoso inútil, um perdedor, "bom-para-nada", você pode deixá-lo saber o que anda fazendo com a sua vida. Mesmo se você continua na mesma empresa, ou no mesmo emprego, agora tem um plano, uma promessa e um programa. Talvez você possa levar à mesa algo especial, que mudará todo o ambiente. Você se surpreenderá ao ver como as pessoas reagem de outra forma quando você está satisfeito com a vida e ansioso para fazer o melhor, quando você tem confiança e visão. É um fato sabido: quando as pessoas o associam aos bons tempos, passam a gostar mais de você – e você passa a gostar mais delas.

## Dê um tempo

Se você estiver trabalhando duro em um projeto difícil e chegar a um ponto em que não pode imaginar o que fazer a seguir, dê um tempo. Experimente escrever sobre o problema de forma tão clara e concisa quanto possível – então vá fazer algo diferente. Há épocas em que seu subconsciente continuará trabalhando no problema. Quando retomá-lo, uma solução poderá surgir. Naturalmente, haverá momentos em que apenas escrever sobre o problema provocará a solução.

## Pergunte aos especialistas

Se você precisa aprender como fazer algo, procure alguém que já o fez, ou fez algo semelhante. Especialmente nestes dias de fácil acesso às bibliotecas de todo o país através da Internet, você pode ler e aprender com profissionais experientes, com amadores empenhados e mesmo com outras pessoas que estão buscando descobrir a mesma coisa que você.

## Saia da caixa

Essa é outra maneira de elevar sua vida a um novo nível. Lembra-se daqueles livros e cadernos de atividades que existiam quando éramos crianças? Bem, aquele do qual mais me lembro tinha um enigma que era uma grade de pontos, cinco fileiras de cinco pontos. Dentro, alguns dos pontos ligavam-se por linhas curtas, mas elas apontavam a direções diferentes. O jogo era ligar três das linhas e fazer um triângulo, sem tirar o lápis do papel. Bem, quebrei a cabeça com esse enigma por bastante tempo. Tentei de verdade, mas não conseguia ver forma alguma de fazer um triângulo com aquelas linhas que apontavam a diversas direções. Finalmente, olhei a resposta – você pode imaginar o que descobri. Para fazer o triângulo, você tinha de desenhar as linhas fora do quadrado e voltar a ele para formar o triângulo. Não se podia levantar o lápis, nem permanecer dentro da caixa. Imagino que a frase "Pense fora da caixa" tem a sua origem nesse enigma.

Há um livro maravilhoso, de Michael McMillan, chamado *Avião de papel*. É sobre uma classe de ensino fundamental onde estudavam os irmãos Wright, uns dos pioneiros da aviação. Estudaram as asas, a aerodinâmica, como os aviões são feitos. Então o professor disse que os alunos fariam aviões de papel e veriam qual deles voaria mais longe. Cada criança pegou um pedaço de papel e começou a dobrá-lo, menos um menino chamado Jeff. Jeff apenas se sentou, pensativo.

Finalmente, todos, salvo Jeff, tinham feito um avião, e saíram para o pátio, para testá-los. Os aviões voaram e os alunos mediram as distâncias percorridas. Salvo Jeff que continuava segurando seu pedaço de papel, sem dobrá-lo. Pediu para lançá-lo por último, e o professor concordou.

Assim, quando todos já tinham lançado seus aviões, Jeff foi à linha de largada. Segurou seu pedaço de papel e o olhou. Então, amassou-o, transformou-o em uma bola e o arremessou tão longe quanto pôde, duas vezes mais longe do que o melhor dos aviões de papel. A classe ficou selvagem, louca da vida.

Você pode imaginar por quê. Jeff tinha a habilidade de pensar "fora da caixa" (e tinha também um talento dramático). Podia deslocar a situação, ir além da forma como ela tinha sido colocada, e simplesmente visar à meta, imaginando a melhor maneira de alcançá-la. Talvez não tenha feito um avião de papel, mas fez um satélite de papel.

Todos nós vivemos em diversas caixas, algumas vastas, outras pequenas. O dinheiro, por exemplo, pode ser uma caixa. Você pode tornar-se tão obcecado por dinheiro que começa a roubar de seus próprios sonhos. O seu trabalho pode ser uma caixa, assim como a sua família, a sua educação, o seu passado. Lembra-se de Carlos, que nunca tinha perguntado à esposa se deveria mudar de carreira? Estava preso na caixa de sua própria profissão – o que podia não existir fora de sua própria mente. Quando você almeja uma meta, busque libertar-se dessas caixas através das perguntas: "E se...?". E se você tivesse todo o dinheiro do mundo? E se você não tivesse de sustentar a sua família? E se você tivesse tempo livre no meio do dia? Ao imaginar, não viva dentro de seus meios. Não importa o nível de sua habilidade – Deus lhe deu mais potencial do que você pode utilizar por toda a vida.

Não estou falando que você deva desaparecer e deixar a sua família no desamparo ou que alguém irá bater a sua porta e dar-lhe um cheque de um milhão de dólares. Mas se você começar a participar do jogo dos "se...", do jogo das possibilidades, e responder honestamente às perguntas para determinar o que faria "se...", então você continuará jogando esse jogo para descobrir como pode alcançar a sua meta, como pode transformar a potência em atitude. Provavelmente você desejará voltar a algumas de suas caixas – às caixas que o completam, em vez de restringi-lo. Entretanto, você pode descobrir um meio de abrir a caixa de sua família, para acomodar os seus sonhos.

## Seja flexível

Quando falamos que algo é flexível, queremos dizer que algo pode ser dobrado, sem se partir. Uma vez, alguém brincou: "Bem-aventurados os flexíveis, pois não se dobrarão perdendo a forma". Ser flexível significa ser capaz de adaptar-se às constantes mudanças da vida, de ajustar-se às mudanças de situação. Se não podemos predizer efetivamente como nos sentiremos no próximo mês, ou mesmo amanhã, se não sabemos o que acontecerá em nosso trabalho, ou com nossos amigos e familiares, a cada semana, sempre haverá épocas em que precisaremos reajustar os nossos planos e prioridades. Isso não significa que falhamos ou hesitamos. Os Salmos exprimem-se assim: "O justo brota como a palmeira, cresce como um cedro no Líbano" (Salmos 92, 13). Uma palmeira é flexível. Não é partida por ventos de 250 quilômetros por hora – essa palmeira se dobrará ao vento, mas voltará a ser como antes, pronta para outra ventania.

Amamos nos fixar na culpa em vez de nos fixar no problema, mas podemos evitar muitas confusões e desapontamentos ao ver com olhos livres, ao abordarmos de uma nova maneira os eventos que não caminham como desejamos. Não continue batendo a cabeça contra a parede: use um martelo. Se você confiar em suas habilidades e em suas forças, poderá investir a sua energia descobrindo novas maneiras de saltar ou contornar a parede, em vez de bater-se contra ela, buscando atravessá-la.

---

*Um sábio pode encontrar poucas oportunidades,*
*mas criará muitas.*

*– Francis Bacon*

---

Ser flexível aplica-se tanto a nossos planos quanto às paredes que a vida coloca em nosso caminho. Você precisa estabelecer metas e planejar seu futuro, mas não se apegue demais a seus planos: permita-se aproveitar as oportunidades que venham a surgir. O que importa é você estar aberto às oportunidades e pronto para ver o inesperado como uma oportunidade, não como um obstáculo.

Lembre-se de que Deus tem um plano para você, e você nunca sabe quando Ele o tornará possível para você agir e realizá-lo.

Talvez você conheça a história de Gideão. Ele era filho de um fazendeiro, nos tempos em que Israel era atacado pelos midianitas. Um dia, devia estar no campo, sovando o trigo, mas na verdade estava escondido na prensa de vinho, com medo dos midianitas. Deus veio a ele e disse-lhe para liderar seu povo contra os seus inimigos, mas Gideão não tinha tanta certeza. "Espere um minuto", ele disse. "Como posso libertar Israel? Meu povo é o mais fraco de todo o vale. Não só isso, mas eu sou a última pessoa de minha família. Na verdade, acho melhor você procurar outra pessoa."

Deus disse a Gideão que era seu tempo, "Seu" tempo, que Gideão tinha força e Ele daria força a Gideão. E Gideão destruiu os midianitas. Você nunca sabe o que Deus tem guardado para você; assim, quando algo novo acontecer, não salte à prensa de vinho. Mesmo se o novo se parecer tão temível quanto um midianita, pode ser precisamente o evento que o colocará nos livros de história.

---

*As oportunidades, muitas vezes, fingem ser árduo trabalho; assim, muitas pessoas não as reconhecem.*

– Ann Landers

---

As oportunidades vão se apresentar, e você precisa vestir de esperança a sua face, ao mirá-las. Mire algo que lhe permita seguir adiante. Não se preocupe se não se sentir preparado. Você nunca estará completamente preparado. Se esperar até se achar preparado, poderá ser tarde demais. Assim, esteja sempre pronto. As oportunidades nem sempre acontecerão quando você precisar delas; assim, você precisa explorá-las, sair em busca da oportunidade, como disse Robert Schuller. Você pode procurá-las fazendo cursos, talvez, ou conhecendo pessoas que possam auxiliá-lo.

Pode procurá-las mantendo contato com os amigos que pensam as mesmas coisas que você.

Quando uma oportunidade surgir, mesmo se ela for algo que você não previa, inspecione-a. Olhe bem; abra a ela o coração e mente. Pense em quanto tempo e dinheiro ela custará. Mas pense também em como pode prosperar através dela. Respeite essa oportunidade, e se ela for a certa para você, colha-a. Mantenha-se a buscar novos desafios, pois através deles você se tornará mais forte, mais saudável e mais feliz. Quando você começa a estabelecer-se nas coisas, começa a enraizar-se, cimentar-se. O que importa é libertar-se desse cimento e permanecer fluido, flexível.

## Acredite

A flexibilidade pode levá-lo muito longe, claro, mas enquanto você confiar em sua idéia divina, você não irá muito longe como errante. A fé é a sua rede de segurança. Embora você possa questionar o que está fazendo agora, ou o que fez na semana passada, a fé em sua idéia divina é a sua espinha dorsal, a haste de aço a manter em pé todo o edifício.

Não sabemos tudo, e às vezes precisamos da força de um poder mais elevado. No Velho Testamento, Davi disse: "Deus é meu refúgio e minha força". Há infinitas leis por trás do universo, e ninguém é tão forte a ponto de não precisar de alguém a tomar-lhe pela mão, de tempos em tempos. Tenha fé e desfrute da paz que dela advém. Como disse Robert Schuller: "Adeus e a Deus ".

Deus vem a você, toma-lhe e o leva a lugares que jamais poderia encontrar sozinho. No ensino médio, nunca estudei tanto quanto precisava; assim, mal sabia o que era o Congresso. Um dia, muitos anos depois, telefonaram-me do Congresso norte-americano pedindo-me para direcionar "mensagens espirituais" para lá. Naquela época, eu viajava e falava muito, e uma mulher que me ouviu falar trabalhava no escritório de Tom Foley, o orador da Casa dos Representantes.

Sabia que ela trabalhava no governo, mas isso era tudo; para mim, ela era apenas uma boa cristã que precisava de alguma ajuda em um problema. Não fazia idéia de que ela falaria de mim ao Orador Foley. Mas ela falou, e ele me ligou. Por alguma razão, eu estava no lugar certo, no momento certo. E, ao receber a ligação, não me escondi, não saltei à prensa de vinho.

Eu era a pessoa mais jovem a dirigir ao Congresso mensagens espirituais, desde Billy Graham. Tudo era formal. Quando me apresentaram, eu estava em um canto. Não podia acreditar que estava ali. Fiquei quieto por um instante, pensando em meu pai e em minha irmã que morreram, e em minha mãe trabalhando em dois turnos em uma confeitaria. Senti que Deus estava comigo.

---

*Você não apenas é responsável pela própria vida como também fazer o melhor, neste momento, leva-o ao melhor lugar do próximo momento.*

– Oprah Winfrey

---

O seu destino encontra-se inteiramente ao seu redor. Seja observador e criativo. Enquanto você trabalha com os instrumentos e as técnicas que debatemos neste livro, torna-se mais capaz de aproveitar as oportunidades. E enquanto desenvolve a autoconfiança, mais oportunidades surgem, e você poderá aproveitá-las plenamente.

- Planeje as conseqüências do sucesso.
- Cuidado com as novas zonas de conforto.
- Permaneça reajustando as suas metas.
- Se algo der errado, não se limite a desistir – veja se pode ajustar e aperfeiçoar.
- Saia de suas caixas.

- Seja flexível – inspecione, respeite e selecione todas as boas oportunidades que surgem em seu caminho, mesmo quando elas forem inesperadas.

## O DIÁRIO DE SUA VIDA PLENA

Faça cartões de sonhos, um diário de bordo dos seus sonhos ou um álbum de recortes do sucesso: recorte os retratos e as histórias das pessoas que vivem a vida que você deseja viver. Mantenha o álbum onde possa vê-lo ou onde passará várias vezes por dia. Se você usa um computador, salve as telas de seus sonhos, feitas de palavras ou imagens que o lembrem da vida plena que você viverá.

Inicie o seu livro de notas pessoais. Sempre que realizar alguma coisa – qualquer coisa – que não conseguia fazer antes, escreva sobre isso.

Sonhe maiores sonhos. Veja a lista de coisas que jamais pensou ser capaz de fazer. Imagine o que precisará para transformar esses sonhos em verdades.

Escolha um professor por um dia ou por uma semana. Pense em alguém que tenha uma característica que você admira – um amigo, um parente, um colega ou alguém de quem ouviu falar ou sobre quem leu. Poderia ser mesmo o seu animal de estimação ou um objeto que estima particularmente. Pense no que pode aprender dessa pessoa, animal ou coisa.

Escolha alguém a quem apreciar semanalmente. Escreva a essa pessoa uma nota sobre como desfrutaria de sua companhia, ou como admira o seu trabalho. Se for alguém que conhece, você ficará surpreso pelo entusiasmo que isso dará à sua vida. Se for alguém que não conhece, você será surpreendido pela gratidão.

# 11

# De "quase tudo" à Plenitude

Quando construímos algo, é sempre útil dispor de três meios: de um conjunto de instruções sobre a unidade da obra, de um retrato final da obra e de uma lista de itens do que podemos fazer com a obra. Se você estiver construindo um desses aeroplanos controlados por rádio, tão admirados pelas crianças nos dias de hoje, a primeira coisa necessária são instruções passo a passo, para reunir as partes. A cada passo, você imagina o retrato do conjunto final, e utiliza esta imagem geral para auxiliá-lo a compreender o passo particular que você está dando. Quando você reúne todas as peças, deseja saber como dar a partida, fazer o conjunto decolar, manobrá-lo, aterrissá-lo.

Se o tema do presente livro é a construção de uma vida máxima, de uma vida plena, é justo que eu lhe dê esses três meios. Unir as peças, os aspectos de uma vida plena, é a parte mais complicada do processo; assim, dediquei a maior parte deste nosso livro a dar-lhe as informações, as técnicas, as idéias, as regras e as linhas mestras que vão auxiliá-lo a atacar cada aspecto de sua vida e começar a melhorá-la e aperfeiçoá-la. A sua vida plena será diferente da minha, mas os passos são, em grande parte, os mesmos para cada um de nós. Agora, vou buscar dar-lhe um retrato da meta (isto é, uma imagem da sensação interior de estar vivendo uma vida plena) e as regras de uso (em que aspectos da vida é preciso concentrar-se).

Como se parecerá o conjunto final, e qual será a sensação de viver a vida plena? As pessoas que vivem a vida plena são diferentes de nós? Saltam em cabines telefônicas e se despem, para revelar as suas roupas ocultas?

## Alegria, confiança, engajamento

Você não precisa ser uma supermulher para viver uma vida plena. Não precisa fundar uma empresa multinacional em seu tempo livre. As pessoas que vivem a vida plena provavelmente se parecem muito com você e comigo – mas podem ser um pouco diferentes quando você realmente se encontra próximo a elas. O que as torna diferentes são as suas atitudes, que se revelam de diversas formas. Um dos aspectos que vejo nas pessoas que estão a caminho de uma vida melhor é a satisfação, a alegria. Podem ser esmurradas e oscilar, sem deixar os irascíveis as derrubarem. Quando algo dá errado, não entram em pânico, não se aterram e entram em fossas, nem se deprimem. Constantemente, são sábias; suas maneiras não se alteram descontroladamente. Isso não significa que não possam alegrar-se, e, de fato, normalmente estão alegres, pois, mesmo se a vida não estiver bem na maior parte do tempo, aceitam-na, utilizam-na como podem, e buscam descobrir o lado brilhante da vida.

Podem entristecer-se pelos infortúnios ou enfermidades, mas, quando isto lhes acontece, enfrentam os males da melhor forma possível. Freqüentemente, a forma de enfrentarem os males envolve a rede de amigos, familiares e colegas que criam ao redor de si. Também freqüentemente confiam em Deus e pedem Seu auxílio.

Outro aspecto que vislumbro nas pessoas bem-sucedidas é a confiança. Se elas podem realizar uma meta, não se deslumbram; sabem que detêm, ou podem obter, os instrumentos, habilidades e conhecimentos pessoais necessários. Essa confiança é um grande alicerce para a sua alegria, bem como para a sua persistência. Quando você sente confiança, passa a ter maior possibilidade de continuar a trabalhar em algo além do ponto em que outros desistem. Assim, em vez de abandonar a ação antes de realizarem o que se lançaram a fazer, essas pessoas farão aquele esforço extra que as leva bem além dos obstáculos. São confiantes por compreender a promessa feita a elas e por desejar ver a promessa realizada.

---

*Sou uma sobrevivente. Ser uma sobrevivente não significa ter de ser feita de aço, não significa ter de ser cruel. Significa ter de ser, essencialmente, a favor de si mesma e desejar vencer.*

*– Linda Ronstadt*

---

Obviamente, essas pessoas nem sempre são bem-sucedidas, mas aprendem com seus fracassos. Se chegam em segundo lugar, estudam o que fez o vencedor. Se não resolvem um problema, pedem o auxílio de alguém, voltam a fazer mais pesquisas, ou esperam pela nova idéia que inevitavelmente virá. Quando as pessoas criticam as suas obras, podem vislumbrar o auxílio construtivo na crítica e ignorar o que lhes for inútil – os tipos de comentários derivados de inveja ou ciúme. Em alguns aspectos, podem excluir o "eu" da equação. Não deixam o ego cegá-las à crítica útil ou torná-las sensíveis à crítica inútil.

Trocaram o olhar para o solo pelo olhar ao céu. Em vez de esperar a vida ser a mesma, cotidiana e tediosa, miraram novas oportunidades e novas formas de gozar ou explorar as antigas. Como disse, abriram o telhado para seus sonhos e expectativas e têm uma visão da vida se regenerando, e não se degenerando. Conhecem a sabedoria da velha história: se há muito esterco ao redor, deve haver um pônei nas proximidades.

---

*A única forma de descobrir os limites do possível é ir além deles, rumo ao impossível.*

– Arthur C. Clarke

---

Ao mesmo tempo, essas pessoas deixaram de caçar borboletas e começaram a cavar em busca de diamantes. As borboletas são belas, mas difíceis de apanhar. Muitas vezes, pessoas talentosas, enérgicas e entusiasmadas podem ser levadas por uma idéia simplesmente impossível de se realizar, não importa quanto tempo, esforço, conhecimento e inspiração dediquem a ela. Essas pessoas caçam borboletas. Não importa o que você faça, uma borboleta fugirá de você, e apenas o distrai no caminho de seus planos e prioridades. Diversamente, as pessoas bem-sucedidas que conheço ligaram-se à "escavação de diamantes". Isto é, você sabe onde pode encontrar diamantes – as características de uma mina de diamantes são universalmente bem conhecidas. Mais importante: você sabe que, se permanecer escavando, afinal encontrará o que deseja. Diamantes não se encontram em toda parte; assim, a persistência será compensada.

Pessoas assim se engajam plenamente à vida a seu redor. Têm um compromisso com a vida. Às vezes, as pessoas falam que mergulharam em algo profundamente, mas muitas delas jamais mergulham profundamente na vida. Elas esperam alguém dizer-lhes o que fazer, o que é certo, o que pensar. Normalmente, pensamos o "engajamento", o "compromisso", como algo que você prometeu-se algum esforço, mas há outro significado, que você ouve em frases como "prometo minha alma a Deus" – ou seja, que nos entregamos a Deus, confiamos que Ele nos levará ao fim apropriado e encantador. Pessoas assim não esperam o vento soprar para saber aonde ir.

---

*Você não é livre antes de ser cativado pela verdade suprema.*

– Marianne Moore

---

Pessoas assim não tropeçam em seus próprios pés e podem desenvolver as suas próprias formas de ser. Quando tudo corre bem, não se perturbam com desapontamentos inesperados ou mudanças de tempo em suas vidas. Encararam seus temores e descobriram as formas de dissipá-los. Por exemplo, algumas pessoas temem a autoridade, pois seus pais eram exigentes e controladores, mas, à medida que ganham confiança e começam a se tornar bem-sucedidas na vocação escolhida, percebem que os chefes querem aconselhar e ajudar. E têm a confiança de saber que perder um emprego não significa o fim do mundo. Não perdem tempo obrigando-se a fazer tarefas que as desagradam. Podem ter aceitado que desgostar de fazer determinado tipo de trabalho advém de não serem boas nesse ramo de atividade. Podem ter encontrado um parceiro que aprecia precisamente o que lhes causa ansiedade ou aborrecimento.

Essas pessoas sabem intimamente para onde estão indo. Sentem ter um lugar no mundo, e merecer esse lugar. Sabem muito bem quem são, não se dão ao luxo de culpar outros pelas próprias falhas, reconhecem que outros podem contribuir com suas vidas. Sabem quando parar de falar e começar a ouvir. Também reconhecem que outros têm falhas e cometem erros, mas não deixam os erros e falhas alheios ocuparem suas mentes e seu tempo. Compreendem que todas as pessoas são imperfeitas. Podem perdoar e esquecer.

Estas pessoas acreditam em si e em suas vidas. Seus sucessos trazem mudanças e novos desafios, que são parte de uma vida plena. Quando você conquistar essa forma de fé em si mesmo, desejará novos desafios; desejará exercitar a criatividade e a imaginação de novo e novamente. Você nunca alcança a linha de chegada na vida; cada linha de chegada vem a ser a linha de largada de uma nova corrida e, quando você está jogando, anseia pelo início da nova corrida, que vem a ser um prazer.

---

*Não deixe para amanhã o que pode fazer hoje, pois, se adorar fazê-lo hoje, pode repeti-lo amanhã.*

– James Michener

---

A vida não é saciar a sua fome – a fome mantém você em busca de viver bem. Lembre-se: seja o que for que você deseja fazer, você tem tudo o que precisa para fazê-lo. Seu destino não se decide pelo acaso, mas pela escolha. O sucesso é fruto de uma decisão deliberada. As decisões de hoje são as realidades de amanhã.

## A plenitude em todos os sentidos

Mas e as linhas mestras – os guias para a ação – que mencionei? Se você deseja tornar a sua vida inteiramente plena, no que precisa concentrar a sua atenção?

Em primeiro lugar, as pessoas que anseiam por uma vida plena buscam, além de cada meta singular, uma vida universal que exprime os seus objetivos, os seus propósitos, as suas razões de ser, em todos os sentidos possíveis. Espero que os exercícios e idéias do presente livro lhe mostrem que sempre há novos níveis de realizações, novos mundos a conquistar. Enquanto você se torna mais confiante em sua habilidade para ser bem-sucedido, descobre que uma idéia com aparência de sonho oco pode subitamente ser algo ao alcance de suas mãos. Além de hoje, você vê o amanhã. Além do que já conhece, você vê o que deseja conhecer melhor. As suas expectativas rompem os telhados e você se alegra ao descobrir novas formas de realizá-las.

A fome de mudar é a segunda característica de uma vida plena, mas o que importa não se limita à mudança em si, o mudar pelo mudar. Você será diferente quando alcançar as suas metas, mas penso que em um sentido diverso do que falamos anteriormente. Sim, você será diferente no sentido em que muda de hábitos, talvez mude de companhias, associando-se a novas pessoas, e possivelmente mudará também as formas de viver, em maior ou menor escala. Mas você muda também os limites de seu potencial – e essa é a maior mudança de todas.

É como subir uma escada – a cada degrau que você sobe, pode ver um pouco mais longe. Em dado momento, você começa a ver coisas que nem sabia existirem. Não apenas passa a poder vê-las, como também tocá-las. De fato, passa a poder apanhar um anel que você não sabia encontrar-se ali. Alcançar uma meta, mesmo uma imensa meta, não é o fim de sua história. Ao banir os pensamentos negativos, você substitui os piores hábitos pelos melhores, imagina e visualiza as suas novas formas de ser, começa a perceber que sempre há outras novas metas. De fato, ter novas metas passa a ser parte de sua pessoa.

Experimentei essa sensação há não muito tempo. Em meu trabalho, mesmo depois de reajustar as minhas prioridades, viajo muito, quase sempre de avião. Quem passa muito tempo em aviões inevitavelmente passa ao menos algum tempo lendo jornais e revistas. E não apenas revistas esportivas ou de notícias, mas tudo – até revistas de moda. Eu admirava as roupas e algumas jóias artísticas para homens e mulheres, mas para mim faltava algo. As jóias eram geralmente bonitas, mas nada significavam para mim. Em uma pessoa profundamente cristã como eu, elas não provocavam ressonância alguma. Conheço bem as tradicionais jóias que as pessoas usam para proclamar a sua fé, mas tampouco era esse o tipo que eu buscava. Imaginei que poderiam existir outras pessoas como eu que sentiam a mesma coisa.

---

*Nós sabemos quem somos, não quem podemos ser.*

– Shakespeare

---

Assim, imaginei arriscando-me a projetar jóias que teriam significado. Criei um projeto que exprimia a idéia de que boas coisas surgem em seu caminho. Fiz alguns desenhos e levei-os a um amigo joalheiro. Bem, preciso lhe falar que fiquei um pouco surpreso, mas nada infeliz, quando ele disse: "Há algum talento de verdade nestes desenhos. Vamos tentar fazer algumas destas peças".

Houve mais desenhos, mais reuniões e mais conversas com joalheiros. Comecei a pesquisar como se dá formas à prata e ao ouro, algo que nunca tinha feito antes. Aprendi muitas novidades – sobre os materiais, sobre os negócios, sobre mim mesmo. Através de minha persistência e paixão, agora tenho uma coleção de jóias, chamada Milagres para Mim, a percorrer todo o planeta.

Eu estava dando uma palestra em um encontro motivacional em Los Angeles, e uma senhora chegou a mim e disse: "Você é o Tim Storey?". Eu disse que sim, mas ela continuou: "Tim Storey, o desenhista de jóias?". Eu tive de rir. Tinha passado anos motivando pessoas de uma forma ou outra e de repente eu era Tim Storey, o desenhista de jóias, tudo devido a meus rabiscos em um avião. Você nunca sabe o que pode vir a ser na Rede Tudo é Possível.

A terceira característica de uma vida plena é que ela é cheia de amor, a começar por si mesmo. Viver uma vida plena significa ver-se precisamente e preciosamente apreciando o que você vê, bem como excitar-se à antevisão de quem você pode vir a ser. Se você achar-se feio, se rebaixar-se e deprimir-se, não pode amar ninguém. Só quando tem certa auto-estima fundamental você pode ligar-se a outras pessoas em sua vida.

---

*Onde há amor, há vida.*

– Gandhi

---

Em quarto lugar, uma vida plena é uma vida saudável. Seu físico é formado. Você não se sente cansado ao despertar e não sente dor por sentar-se, ou ficar em pé, por muito tempo. Estou certo de que, ao esboçar a sua lista de metas, provavelmente você tem metas saudáveis – perder peso, fazer mais exercícios, evitar os alimentos e bebidas que o deixam cansado ou fraco. Se já não há metas saudáveis, haverá tempos em que você desejará alcançá-las. Muitos não gostam de ir a médicos, mas exames periódicos fazem parte de viver uma vida sábia.

Viver sem saúde não é ruim apenas para você, é um peso para aqueles que o amam. Eles querem que você viva tanto quanto possível, e querem que essa vida seja plena e alegre. Não é divertido estar acamado, andar com um andador, ver as outras pessoas fazendo as coisas para você, não poder fazer o que você aprecia. Eis um perfeito exemplo de como cada dimensão de nossa vida relaciona-se com todas as outras dimensões. Nossa felicidade tem elos com a felicidade das pessoas com quem nos importamos, e quando caímos nossa queda recai nessas pessoas.

Em quinto lugar, você cria o seu tempo de lazer e o desfruta. Essa também é uma parte fundamental de tantos outros aspectos da vida plena, mas poucos de nós realmente a aproveitam. Tenho um amigo – vamos chamá-lo de Andrew – que tem dois filhos. Os meninos são um embaraço, sempre criando problemas, nunca param em casa, nada respeitam, não têm metas ou esperanças. Andrew não consegue explicar essa situação. Acha que deu aos filhos a melhor vida que pôde dar. No começo, o dinheiro era pouco e ele achava que seu dever era manter um teto sobre suas cabeças. Agora ele é um incrível sucesso em seu ramo, mas teve de trabalhar sete dias por semana. Andrew admite que só foi ao jardim zoológico uma vez com seus filhos. Nunca jogou bola com eles. Não estava presente para seus filhos. E agora eles não estão nem aí para o pai.

---

*Meu pai me deu o melhor conselho de minha vida. Ele disse: "Faça o que fizer, não acorde aos sessenta e cinco anos pensando no que você poderia ter feito com a sua vida".*

– George Clooney

---

Você não pode reviver os dias que perdeu; assim, ao despertar, dê valor a cada dia. Como em tudo, precisa haver equilíbrio na vida. Desfrute de seu trabalho, mas desfrute também de seu tempo com a família e do tempo consigo mesmo, quando precisar ficar sozinho. Deus não franzirá as sobrancelhas por isso. Como vemos em Mateus (6, 26, 28-29): "Olhai as aves do céu: não semeiam, nem colhem, nem ajuntam em celeiros. E, no entanto, vosso Pai celeste as alimenta. Ora, não valeis vós mais do que elas?"... "Aprendei dos lírios do campo, como crescem, e não trabalham nem fiam. E, no entanto, eu vos asseguro que nem Salomão, em toda sua glória, se vestiu como um deles." São versos tão belos que é difícil não citá-los integralmente.

O lazer não é, por outro lado, outro tipo de trabalho. O dicionário afirma claramente: lazer é "estar livre das exigências do trabalho ou do dever", e a palavra advém de raízes lingüísticas que significam "ser permitido". Algumas pessoas acham que têm de se esforçar arduamente para se divertir, assim como fazem no trabalho. Têm de jogar em um time de futebol e vencer todas as partidas. Naturalmente, acontece o contrário. O lazer é um tempo que você não pode perder. Desfrutá-lo já é vasta recompensa, e o relaxamento proporcionado por ele é como dinheiro no banco. Depois do lazer, você retorna ao trabalho e ao dever revigorado e cheio de energia.

---

*Há dois alvos principais na vida: primeiro, conseguir o que você deseja; e, depois de consegui-lo, desfrutá-lo. Só os mais sábios seres humanos alcançam o segundo.*

– Logan Pearsall Smith

---

Em sexto lugar, seu orçamento não controla a sua vida. Eis outro aspecto em que a alegria é parte fundamental da vida plena. Estou certo de que muitos dos leitores sabem como o dinheiro pode roubar a sua alma. O dinheiro é a raiz de todos os males, afirma a Bíblia, e às vezes imaginamos que o significado dessa afirmação refere-se às pessoas que cometeram crimes ou negligenciaram a família e os amigos para conseguir dinheiro. Mas nessa afirmação há outro significado que às vezes esquecemos.

---

*Viver não é só estar vivo, é estar bem.*

– Marcial

---

Trabalhar apenas para ganhar dinheiro é um objetivo sem sentido que pode sugar toda a alegria de sua vida. Você pode ter ouvido este refrão: "Eu vou, eu vou, pra casa agora eu vou", cantado na trilha de *Branca de Neve*. Como gosto do Walt Disney, esse refrão sempre me deixa louco, pois, se você trabalha apenas para pagar as suas dívidas, você trabalha pelo motivo errado. Claro que você precisa pagar as dívidas, mas pode fazê-lo com um trabalho que seja compensador e agradável.

Ajuste o seu orçamento conforme as suas necessidades, ou ajuste as suas necessidades conforme o seu orçamento. Ajuste a sua vida conforme o seu salário. Situe-se em limites realistas. Você descobrirá: o tempo que perde comprando, procurando e gastando, poderia utilizar ganhando dinheiro, e assim estar livre das contas a pagar. Você viverá mais – realmente – com menos. O aspecto mais destrutivo de nossa obsessão pelo dinheiro é que ele tira a nossa concentração do verdadeiro objetivo. O dinheiro pode limitar o alcance de nossa imaginação, e nos fazer inconscientemente perder a nossa visão.

O sétimo aspecto é ter fé em si e em seu potencial. Reconheça a maravilha da pessoa que você é. Você – a sua mente, o seu corpo – é tão milagroso como a mais altamente sofisticada peça de um equipamento. Mas você precisa lembrar-se de fazer essa peça funcionar. Às vezes, penso que somos como uma nação de rádio-relógio a piscar 12h, pois não podemos imaginar como mostrar a hora certa. Tenha fé em si mesmo, e tenha fé no mundo do qual você faz parte.

---

*A visão é a arte de ver o invisível.*

*– Jonathan Swift*

---

Assim, não restrinja a sua visão às metas que estabeleceu quando começou a revigorar a vida. À medida que você desenvolve visões novas e positivas, substituindo as antigas visões negativas, você se livra das vendas nos olhos. Passa a poder olhar ao redor, olhar acima e adiante. Faça algo diferente, vá a lugares diferentes. Não permaneça sentado em sua poltrona favorita para ver televisão. Se passar uma hora por dia aprendendo algo sobre determinado tema, em cinco anos virá a ser um especialista. Faça um plano qüinqüenal.

Como fazer tudo isso? Transforme seu tempo em *seu* tempo. Não existe horário, salvo o horário que você estabelece para si. Quero ver seus olhos cheios de vida. O passo mais importante que você precisa dar agora é mudar a sua forma de pensar. Assuma o compromisso pessoal de viver a vida ao máximo, em toda a sua plenitude.

Viver plenamente toca todas as cordas vitais, relaciona-se com todos os aspectos de sua vida.

Viver plenamente é um modelo contínuo de desafio, desenvolvimento e realização.

A vida é uma maratona, não um pique de cem metros rasos – você tem tempo de realizar tudo o que precisa fazer.

## O DIÁRIO DE SUA VIDA PLENA

Edward Hallowell, especialista em ansiedade e estresse, compilou uma lista das doze dimensões que tornam a nossa vida cheia, rica, saudável e extensa, em um livro chamado *Unindo-se: os doze elos vitais que abrem o seu coração, ampliam a sua vida e aprofundam a sua alma.* Se ninguém pode manusear todos os seus elos de uma só vez, o livro fornece uma fantástica lista que você desejará ver e rever, de tempos em tempos, para estar certo de não negligenciar algum aspecto crucial de sua vida. Resumi essa lista e condensei-a em dez pontos, mas sou grato ao doutor Hallowell pelo dom de nos ofertar esse plano.

1. *Família.* Converse com seus pais, irmãos e parentes freqüentemente. Trate a sua família com amor e respeito. Você é próximo deles, emocionalmente?

2. *Amigos e comunidade.* Ache tempo livre para divertir-se com os seus amigos e compartilhar a sua vida com eles. Encontre formas de atuar na comunidade em que você vive.

3. *Trabalho.* Você sente que seu trabalho tem valor? Você é bem visto em seu trabalho? Você sente uma conexão com seus colegas de trabalho e com a empresa?

4. *Beleza.* Você cria espaços abertos para a beleza em sua vida? Crie tempo para cultivar-se esteticamente, para desfrutar de sua arte preferida.

5. *História.* Procure ver o seu papel na história da humanidade, pois todos nós representamos um papel na história. Saiba a história de seu país, de sua cidade, de sua cultura.

6. *Natureza.* Crie algum tempo para estar ao ar livre ou em jardins, cuidando das plantas ou admirando a natureza. Descubra na natureza um lugar especial que seja saudável para você e tenha o poder de curá-lo.

7. *Idéias e informação.* Busque aprender novas coisas freqüentemente e se interesse por novas idéias e perspectivas. Faça o melhor com o poder de sua mente.

8. *Organizações e instituições.* Ser membro de uma organização ou de um grupo é uma forma especial de união com a vida a seu redor.

9. *Uma verdade maior.* Crie tempo para cultivar espiritualmente a sua vida, lendo ou ouvindo músicas ou programas. Busque o significado e a verdade de sua vida, da forma que lhe for mais apropriada.

10. *Você mesmo.* Medite, crie tempos de paz, em momentos de solidão, para pensar no que mais lhe importa. Você se sente bem ao ser quem é?

# 12
# Acredite em Viver Plenamente

Há um aspecto adicional em uma vida plena, e ele é o mais importante de todos. Sua vida espiritual deve envolver e abarcar tudo o mais. Há uma dimensão em sua vida que é fundamental em suas necessidades diárias, fundamental em seu sentido de prazer, fundamental, em suma, para a sua vida plena. É essa dimensão que o une ao universo que enxerga, e também ao universo que não pode ser visto. Ela permite que você cumpra a palavra que empenha e receba em troca as recompensas que obtém.

## Indo além de nós mesmos

À medida que atingimos níveis mais elevados de realização, percebemos que existem planos ainda mais elevados, e são eles que nos levam a sair de nós mesmos. Segundo os especialistas, não podemos nos tornar plenamente humanos – admirar o que é belo, criar arte, sentir compaixão e amor pelo próximo – enquanto nos encontramos famintos, doentes, sem abrigo. Nossas necessidades básicas precisam ser satisfeitas. E, quando estamos satisfeitos, nos sentimos quase compelidos a nos tornarmos melhores.

Acredito que algo semelhante acontece quando nossas necessidades básicas de sucesso, auto-estima, prazer e fé no futuro são satisfeitas. Para aqueles que realmente têm desfrutado da vida, emerge o propósito de sair de si mesmo em direção ao mundo, e de retribuir o que nos tem sido ofertado. Mas não podemos descortinar o mundo até que tenhamos satisfeitas pelo menos algumas de nossas necessidades pessoais básicas. Ao mesmo tempo, enquanto não voltarmos a atenção para além de nós mesmos, não seremos plenamente humanos, nem estaremos inteiramente vivos.

Cerca de vinte anos atrás, eu costumava caminhar em um parque próximo à casa de minha mãe. Muitas vezes, eu cruzava com uma mulher que caminhava devagar e com dificuldade, vestida geralmente com velhas roupas. Garotos da vizinhança caçoavam dela, o que me despertou o desejo de ajudá-la. Assim, passei a cumprimentá-la ao passar por ela, e, com timidez, ela me respondia. Um dia, resolvi perguntar-lhe como se sentia, e seu rosto se iluminou ao perceber que alguém se dirigia a ela. Fiquei sabendo que se chamava Diana, e então lhe perguntei aonde trabalhava. Ela me contou que tinha um emprego no setor de embalagem de talheres de plástico. Quando eu lhe perguntei quanto ganhava, ela respondeu: "29 dólares e 58 centavos". Respondi, então: "Nossa, é muito. Você imagina tudo o que pode fazer com 29 dólares e 58 centavos?"

Duas semanas depois, fui caminhar novamente no parque. Ela correu até mim, dizendo: "Adivinhe!", e me mostrou seu novo holerite. Seu salário tinha aumentado um pouco em relação ao holerite anterior. Ela ria, e eu ri com ela. Desde esse dia, toda vez que me encontrava no parque, ela vinha me mostrar seu novo holerite, e a cada vez seu salário tinha aumentado um pouquinho. Então, me dizia: "Você imagina tudo o que pode fazer com todo esse dinheiro?".

Os anos foram passando, e Diana passou a se encontrar de vez em quando com meus filhos no parque. "Conte a seu pai que estou ganhando mais dinheiro", dizia-lhes. As roupas que usava já eram melhores, e pude constatar um progresso também no modo como ela caminhava. Enquanto Diana não recebera ainda o maior dos bens de sua vida, ela procurava fazer o melhor possível com o que tinha. E foi ela quem me fez um grande bem.

Adquirir coisas nunca satisfaz por si só. Muita gente procura provar o contrário. Mas você pode olhar para a vida de gente famosa e, uma vez mais, perceber que, a não ser quando estão felizes consigo mesmas, as pessoas não encontrarão felicidade naquilo que possuem ou controlam. Dinheiro, fama, poder, nunca são suficientes por si sós. Bill Gates e Warren Buffett, dois dos homens que acumularam as maiores fortunas no mundo, coincidem em transferir boa parte de sua riqueza – na forma das maiores doações já feitas por indivíduos neste planeta. Todo o mundo sente uma necessidade parecida de encontrar algo a mais.

---

*O problema, numa corrida de ratos, é que, mesmo quando você vence, continua sendo um rato.*

– Lily Tomlin

---

Eu nunca havia me encontrado com Lee Iacocca, o homem que mudou a história da Chrysler e escreveu vários livros a figurar entre os mais vendidos. Até que um dia ele me convidou para jantar em sua casa. Você pode imaginar como me senti. Eu tinha a maior admiração por ele, e não conseguia atinar por que ele desejava jantar comigo. Ir até sua casa me parecia um conto de fadas. Ela seria como um castelo, enorme em tamanho e também em hospitalidade.

Tivemos um esplêndido jantar e, em seguida, ele me levou até a sala de visitas. Disse-me, então, algo que me deixou perplexo: "Senhor Storey, conte-me o segredo de seu sucesso". Imagine Lee Iacocca perguntando o segredo de meu sucesso. Ele, que escrevera livros sobre como chegar ao sucesso. Foi então que explicou que essa era uma pergunta que sempre costumava fazer às pessoas; esse era um dos assuntos que mais o interessavam. "Assisti aos seus vídeos", falou-me. "É espantoso o que acontece neles." Tivemos, então, uma excelente conversa sobre o sucesso.

Aprendi muitas coisas. Uma delas é que você pode chegar ao cume de uma montanha, e ainda assim continuar procurando outras montanhas para escalar. Isso me fez lembrar o Capítulo 2 do Eclesiastes, quando diz que você pode obter coisas materiais, mas ainda assim continuar à procura de serenidade e mesmo de um ritmo de vida. Essa era uma das coisas que o senhor Iacocca procurava a essa altura de sua vida – não apenas conquistar ou responsabilizar-se por algo, mas encontrar um verdadeiro sentido para a sua vida. Aquela noite representou um grande privilégio para mim.

E o que pude dizer a Lee Iacocca? Disse-lhe que eu era um "homem feito por Deus", e ele sorriu – ele sabe associar as coisas. A conversa naquele jantar foi uma idéia divina, que me abriu as portas para uma série de diálogos reservados com o senhor Iacocca acerca dos princípios do reino de Deus. Tinha de ser Deus.

Conseguir dinheiro, fama e poder pode ser sensacional. Mas, quando parece um fim em si mesmo, deve-se parar um momento e pensar no que acontece depois que se morre. Você não pode levar nada disso com você; porém, o que deixará para trás? A fama desaparece, o poder passa a outrem, o dinheiro é gasto. Mas o exemplo que você deixar permanecerá em cada pessoa cuja vida foi tocada por você.

Nossos pais podem ter morrido, mas não se costuma dizer que eles continuam vivos dentro de nós? Não digo que você deva ser como eles, ou fazer o que eles fizeram, mas você reflete tudo isso. Eles podem ter deixado apenas maus exemplos, os quais é preciso evitar, mas continuam presentes. E é mais provável que permaneçam de modo sutil, de um modo que não se pode compreender inteiramente. Mas, aconteça o que acontecer, seu legado é o que eles lhe deixaram.

Um amigo meu, jogador de futebol no San Francisco 49ers, é amigo de longa data de Bill McCartney, o homem que inventou a idéia dos "Cumpridores de Promessas". Eles podiam passear e McCartney podia falar: "Posso estar louco, mas estou vendo estádios cheios de gente". Ele não estava louco.

*Vou lhe contar um grande segredo, meu amigo.*
*Não espere o juízo final. Ele acontece todos os dias.*
– Albert Camus

Alguns anos depois, por todos os Estados Unidos, havia estádios cheios de gente, com mais de cinqüenta mil pessoas levantando as mãos, gritando, urrando e compartilhando os seus sentimentos. Gente que antes errava na sombra tomava agora seu lugar certo, como líderes de seus bairros ou comunidades. Estive na Suécia, Noruega e Inglaterra, e lá ouvi gente falando sobre os Cumpridores de Promessas.

Bill McCartney teve uma idéia divina, e agora ela pertence ao mundo. Gente com idéias divinas suscita ondulações pelo mundo. São pessoas como uma pedra que se atira ao lago do mundo, e as ondulações que provocam chegarão a cada praia. Rosa Parks teve uma idéia divina, embora muito simples. Ela não queria mais sentar-se na parte traseira dos ônibus. Naturalmente, isso aconteceu em Alabama, quando a segregação racial era lei e os negros eram obrigados a fazer o que os brancos determinavam.

Mas, um belo dia, Rosa Parks se recusou a ir sentar-se na lotada, barulhenta, mal-cheirosa e desconfortável parte de trás do ônibus. Resolveu sentar-se na frente. Aí entrou um homem branco, olhou para aquela negra sentada na parte da frente e pediu a ela que fosse para o fundo. Havia muitos lugares disponíveis na frente, mas o que ele queria era que ela saísse. O motorista parou o veículo e pediu para Rosa Parks sair dali, mas ela permaneceu imóvel. Chamaram então a polícia, mas mesmo assim ela não se mexeu. Até que a levaram presa.

Era exatamente o que Deus esperava. A recusa de Rosa Parks em mover-se virou uma questão e um símbolo nacionais. Isso ajudou a desencadear o movimento pelos direitos civis, e a mudar a América para sempre. A secretária de Estado, Condoleezza Rice, disse certa vez: "Se não fosse Rosa Parks, eu não estaria aqui".

Tudo o que acontece no mundo se reflete em tudo o mais. As pessoas que conseguiram ou que desenvolvem progressivamente a sua vida plena começam a enxergar a interligação das coisas, a perceber que são uma sublime e gloriosa parte de um todo miraculoso. Elas querem compartilhar o que têm com os outros, transmitir seus conhecimentos, ajudar outras pessoas a evoluir de uma quase-vida para a vida plena. Elas percebem que, quanto mais se dá aos outros, mais se consegue para si. Que quanto mais dão aos outros, mais suas próprias vidas se enriquecem e se alargam. Quanto mais laços criam com os outros, mais fortes são os sustentáculos que as impulsionam.

Uma das formas pelas quais elas mais se unem ao mundo é a consciência de um Poder mais Alto, que tudo reúne e torna tudo possível. Essas pessoas fazem dessa perspectiva um modelo para suas vidas. Elas têm deixado que a opinião de Deus substitua a opinião dos homens. Esse conhecimento, essa conscientização, é algo a que normalmente chamamos de fé. Mas, desde que você compreenda bem isso, não é de forma alguma uma aceitação passiva de alguma história sem prova. Thomas Edison disse: "Sei que este mundo é regido por uma inteligência infinita". Tudo aquilo que nos rodeia prova que existem leis infinitas por trás de tudo. Todo mundo precisa de alguém que o tome pela mão, de vez em quando. Assim, desfrute a paz que advém da fé.

Este é o momento de você pensar em como pode prosperar, no mais amplo sentido da palavra, em sua dimensão mais ampla. O que, de fato, significa prosperar? Significa tornar-se mais forte, desabrochar, ganhar – em riqueza, em conhecimento, em força, em amor –, até o ponto de partilhar tudo isso com os outros. Pergunte-se o que você tem ganhado em sua vida – quanto a educação, carreira, negócios, vida conjugal, família, organização, estrutura, artes, relacionamentos, reputação.

Você tem sido movido por uma compulsão de exceder-se, aperfeiçoar-se, criar, ajudar? Ou isso ocorre apenas porque você não tem alternativa? Sem dúvida, é bom que você se torne mais saudável, mais próspero, menos tenso, porém, uma vez que tenha atingido certo grau de realização, você terá liberado uma quantidade enorme de energia, a qual vai querer empregar. Essa energia não quer descanso, nem deitar-se indolentemente. Ela deseja ser empregada. Você pode até desperdiçá-la, porém isso não deixará de ter um custo.

---

*Ao olhar para trás em sua vida, você vai perceber que os momentos que ficaram, aqueles em que realmente viveu, são os momentos em que você doou com espírito de amor.*

– Henry Drummond

---

Muita gente acredita que a solução para todos os problemas encontra-se em seu íntimo. E eu devo concordar que podemos operar mudanças em nós mesmos, à medida que nossos pensamentos se transformam em palavras, nossas palavras em atos, nossos atos em hábitos, nossos hábitos em nosso caráter, e nosso caráter cria o nosso destino.

Contudo, creio também que, no início de todo esse processo, existe algo fora de nós, Deus, que nos dá a esperança e o poder para realizarmos essas transformações, uma a uma, passo a passo. Ele está sempre a nosso lado, basta nos abrirmos para Ele. Espero que, à medida que você se torne mais satisfeito, com maior controle dos próprios rumos e com mais sucesso em sua vida, você possa perceber que está, simplesmente, sendo nutrido pela prosperidade de um Poder mais alto. Por quê? Porque você estará tão perplexo com tudo o que pode realizar, que vai compreender que precisou daquela ajuda. É, com efeito, literalmente um milagre. Todos nós estamos à espera de que o milagre de Deus aconteça.

## A Plena Fonte

A fé é a pedra fundamental que torna todas as demais coisas não apenas possíveis, mas inevitáveis. Conscientizar-se de que Deus criou você para o sucesso lhe traz serenidade. Aceitar que Ele o predestinou para algo permite confiar que, mesmo nos tempos à deriva, em que você vive no caos sem cosmos, ao acaso, você tem um propósito e um significado. Como a palmeira, você pode se curvar, mas não se quebrará. É fácil confiar em nós mesmos quando confiamos no poder de Deus e em seu amor por nós.

A história de Noé mostra como a fé pode nos transportar para além de nossos cinco sentidos. Noé estava perto do fim de seus dias quando o Senhor o chamou. Ele não pretendia mais dar início a um projeto novo e imenso; pretendia apenas recolher-se a si mesmo e reunir coisas para a vida futura. Mas não podia imaginar que choveria tanto que a terra viria a submergir. Ele não sabia construir uma arca. Porém, confiante em si mesmo, entregando-se ao Senhor, pôde salvar-se, à sua família e a todas as criaturas da Terra.

Sua história nos ensina duas coisas. A primeira é que, se você se submete à idéia divina, as coisas acontecerão de modo surpreendente. Não importa o que você possa imaginar – Deus o encarregará de um plano que você nunca poderia imaginar. E ele pode parecer tão grandioso a ponto de beirar o ridículo. Você pode imaginar Noé reunindo milhares de tábuas? E ele construiu aquela arca em terra firme. Ele descobriu como fazer isso e, no entanto, não havia ninguém ali para ajudá-lo. Mas, sem se importar com tudo o que via e ouvia, ele confiou em Deus e realizou o seu plano. Trabalhou noite e dia, dia e noite, e encontrou forças para fazê-lo por ter diante de si uma causa maior que ele próprio, maior que sua própria família. Devemos buscar sucesso além de nós, ou não seremos mais do que apenas nós mesmos. Como digo e repito, se você não mudar, nunca será mais do que é agora. Da mesma forma, se não se superar, nunca virá a ser diferente de quem você já é ou foi.

Noé não se deteve e, preocupado em fazer o que era justo, não teve dúvidas: seu plano era digno, e nem se perguntou se estaria perdendo o seu tempo. Compreender que Deus tem um plano para você – para o seu bem – torna mais fácil sair de si mesmo. O que você imagina ser uma fraqueza pode ser uma forma especial de força que Ele lhe concedeu. Sua tarefa consiste em fazer uso disso. Você pode se decepcionar, mas, se aceitar que mesmo a decepção faz parte do propósito de Deus, verá que se trata de um desafio que lhe foi colocado, e que você deverá superar.

---

*Andando, saltando e louvando a Deus.*

*– Atos 3, 8*

---

A partir de agora, sempre que alguém for inábil ou ofensivo, considere isso um desafio. Podemos ser desafiados física ou mentalmente. Quando eu era menino, era desafiado por meu boletim. Todos nós deveríamos ser como Michael Jordan, sempre desafiado pelo fracasso. Ser desafiado é a palavra certa, e devemos ter claro: todos nós somos desafiados o tempo todo. Deus nos desafia a nos tornarmos mais fortes e mais generosos. E Ele está construindo as rampas ascendentes para que você vença o desafio.

Algumas pessoas alcançam a fé mais cedo, outras mais tarde, mas a maioria dos que refletem acabam descobrindo um modelo, um desígnio principal, nesse plano. O Plano de Deus para você pode parecer tão grandioso que poderia vir a esmagá-lo, caso não contasse com a ajuda Dele. Isso não diz respeito à sua capacidade, mas à capacidade de Deus de chegar a você. No mundo real, isso parece impossível, portanto você deve buscar o sobrenatural. Cruze a porta invisível que leva à fé, e tudo se tornará possível.

Certa vez, eu dava uma série de palestras através da Suécia, dedicando-me inteiramente a falar. Estava hospedado na casa de um casal idoso, que tinha me convidado a visitar a sua aldeia, que ficava a umas oito horas de Estocolmo, e contava com cerca de mil habitantes. Eu já tinha pregado por toda a Suécia, e estava realmente cansado. Resolvi tirar um cochilo, mas, de repente, senti que Deus me chamava, dizendo-me que saísse de bicicleta pela estrada. Bem, não era o que eu pretendia fazer, mas, quando Deus chama, sei que é hora de seguir em frente.

Assim, cheguei ao casal que me hospedava e pedi uma bicicleta emprestada. Eles perguntaram aonde eu queria ir, dizendo que estava muito frio para sair pedalando, e se ofereceram para me levar de carro. Mas não, Deus tinha falado em bicicleta, e, afinal, trouxeram-me uma. Saí sem saber para onde. Tudo o que eu sabia era que precisava seguir, portanto entreguei-me a Deus. Saí pedalando numa pequena bicicleta, com minha cabeleira afro; de fato, fazia muito frio.

Enfim, vi um rapaz sentado à beira de um lago. Ele fumava e tomava uma cerveja. A primeira coisa que me disse foi: "Você gosta de rock and roll?". Pensei em como era interessante que Deus tivesse me acordado para pedalar até um lago onde alguém perguntava se eu gostava de rock. Disse-lhe que sim, e ele me falou que sua banda preferida eram os Rolling Stones. Depois, percebi que esse papo mudaria uma vida.

Conversamos um pouco e ele perguntou o que eu fazia naquela cidadezinha. Ao ouvir minha resposta, disse: "Oh, meu Deus. Sou um renegado." E me contou que sempre seguira ao lado de Deus, mas que ultimamente andava afastado. Tinha chegado até aquele lago rezando: "Deus, se Você existe mesmo, gostaria que me desse um sinal". Depois de termos orado juntos, ele disse que tinha sentido a presença de Deus, e quis levar-me até sua casa para que eu conhecesse sua mulher e sua sogra. "Elas não acreditariam se eu contasse o que aconteceu."

Mal entramos, sua sogra começou a gritar: "Tim Storey! Tim Storey!". Ela me ouvira discursar em Estocolmo e exclamara a si mesma: "Como gostaria que meu genro encontrasse alguém como Tim Storey!".

A afirmação do poder de Deus nos dá esse sentimento de auto-estima, tão necessário para ampliar a nossa visão e a nossa compreensão. Por vezes, temos visões "pesos-pesados", mas vontades "pesos-leves"; como pessoas que sonham alto, mas que não têm iniciativa para transformar os seus sonhos em realidade. Deus lhe faz um chamado, mas essa mensagem tem de alicerçar-se em sua vontade. O jovem que encontrei à beira do lago sabia que subestimava a si mesmo – tinha se transformado numa versão menor de si mesmo. O rapaz verdadeiro reclamou àquela pessoa em que se transformara, e agora estava pronto a voltar aos amplos caminhos da vida plena.

Quando você percebe que Deus o criou da maneira como é, e deseja que você extraia o máximo dessa maneira, torna-se mais fácil aceitar e respeitar a si mesmo. E, ao fazê-lo, torna-se mais fácil aceitar e respeitar as outras pessoas, com todos os seus defeitos ou tolices. Pois você há de concordar: o que você imagina ser defeito, ou tolice, faz parte do plano de Deus; existe por um motivo – e você pode não compreender por que esse motivo não lhe foi dado. Alguém mais utilizará a unicidade, a sua maneira única de ser, como um desafio, um modelo ou uma experiência. Não pergunte por quê; apenas aprecie a complexidade.

Como eu disse, as pessoas que compreendem a natureza do Universo e o Poder que o mantém coeso não são necessariamente muito diferentes de você ou de mim. Apreciar a assombrosa complexidade do mundo e de seus habitantes, e admirar essa riqueza e variedade, torna-se simples quando você pensa sobre as coisas a partir da perspectiva do Olhar Divino. O que você pode chamar de mal ou de desgraça dá lugar a Seu desígnio mais amplo, torna-se apenas um fio do Tapete.

Há uma passagem dos Efésios que diz: você precisa merecer o chamado que recebeu. Isso significa honrar, dar pleno valor a esse chamado. Um Deus pleno almeja plenas criaturas. A mim, a convicção de quanto valor Deus tem em nossa vida leva a ampliar-me, a elevar-me a esse mais alto chamado, a viver uma vida plena através de divinos princípios. Não importam as palavras que você emprega para exprimi-lo – desejo que você desfrute das bênçãos e das riquezas que a vida tem a lhe oferecer, quando você honra a sua vida e a vida que o rodeia.

Uma vida plena nunca está completa até abranger o dividir, o partilhar os seus bens.

Aceitar a opinião de Deus a seu respeito aliviará os seus esforços e aumentará as suas forças.

A fé em Deus e a fé em você mesmo lhe permitirão a abertura de novas dimensões.

## O DIÁRIO DE SUA VIDA PLENA

Finalmente, estou certo de que uma vida plena sempre nos levará a apreciar o milagre da vida e do mundo, e a aceitar que deve haver um Poder mais Elevado a unir todas as coisas. A variedade, a riqueza dos bens e dons que nos são dados, bem como as complexas conexões e relações existentes entre todos nós, são maravilhosas demais para virem a ser meramente acidentais.

Não importa como você chama esse Poder mais Elevado – você pode ter fé nele e a ele sempre recorrer. Crie algum tempo, de preferência todos os dias, para fazer três coisas:

1. Seja grato. Conscientize-se dos dons e bens que tem recebido na vida e celebre-os.

2. Peça a seu Poder mais Elevado auxílio, apoio e sabedoria, para assisti-lo em seus caminhos rumo à vida plena.

3. Detenha o seu próprio fluxo contínuo de pensamentos e ouça o que o seu Poder mais Elevado está lhe falando através das ações, eventos e pensamentos de sua vida.

# Conclusão

## O início

Espero que agora você esteja iniciando a sua vida nova. Se não, ao menos você já tem o cardápio diante de si. O que você possui de mais útil é o fazer-se a si mesmo, o trabalho que faz em si (ou fará, se você for o tipo que gosta de ler toda a receita, antes de começar a cozinhar). Há sabedoria no que você escreveu como fruto de seu trabalho – você pode mesmo surpreender-se com a percepção que teve. Mantenha essas percepções que você escreve a seu alcance.

Olhar para trás, para suas primeiras anotações sobre o seu propósito, as suas paixões e as suas prioridades, sempre será útil. Mas, provavelmente, até mesmo mais útil será o seu registro das dificuldades, dos contratempos, das formas de você superar os obstáculos. Lembre-se: é a forma de você atravessar os tempos à deriva que o torna forte o bastante para começar a atravessar os bons tempos.

Mas essas anotações são apenas o início de sua autobiografia do sucesso. Não deixe que tudo cesse – apenas por ter chegado ao fim do presente livro. Escreva os seus melhores pensamentos em sua agenda, em seu calendário, nos materiais que você consulta ao começar e ao terminar o dia. Se não mantém esses materiais, crie-os. O que você fizer pode ser o melhor. Você precisa mudar – e sabe disso. Comece mantendo um diário. Escreva sobre o que faz, o que gosta, o que lhe traz desgosto. Leia o diário pela manhã e pela noite – arrume tempo necessário para fazê-lo. Você encontrará uma maneira: a sua maneira.

Também espero que você tenha percebido o valor da imaginação, da concentração e da coragem. Desde que introduzimos esses temas, ao abordar outros tópicos, estou certo de que você surpreendeu-se a praticá-los diversas vezes: visualizando como deseja que sua vida seja, concentrando-se nos instrumentos de que precisa e nos passos a dar para obtê-los, saltando rumo a seu projeto com ambos os pés, não dando atenção àqueles que o impediriam, livrando-se dos sentimentos negativos que poderiam obstruí-lo.

Este livro não se destina apenas a uma simples leitura. Espero que você retorne a ele quando estiver sentindo necessidade de um segundo auxílio, de um impulso a desencadear as suas energias. A vida é maratona, não breve corrida. Você descobrirá que viver uma vida plena relaciona-se com cada um dos momentos de seu dia. Manter seu equilíbrio é parte essencial da plenitude, como vimos. Você aprende a estabelecer as suas metas e os seus guias, a interiorizar o seu propósito, a dar curso às suas paixões, a utilizar as suas prioridades para planejar a seqüência de sua rota. Mas essa rota muda e se desenvolve, e você pode descobrir que reaproximar-se das idéias do presente livro terá um valor renovado.

A meta de todo este nosso livro é, realmente, levá-lo a transformar essas técnicas em hábitos de sua vida cotidiana. Diversas vezes utilizamos a dieta como exemplo, mas quase sempre ela vem a ser mesmo um bom exemplo. Pois as pessoas perdem peso em uma dieta planejada, mas em breve – mesmo se (ou por que) perdem peso – voltam aos hábitos antigos: um lanche extra aqui, uma barra de chocolate ali. O que você deseja fazer é desenvolver hábitos. Hábitos de ação são importantes; mas de maior importância são os hábitos de atitude. Afinal, tudo está na atitude. Se você acredita em si e acredita em seu propósito, transformará sua meta em realidade.

Falamos bastante sobre sucesso e realização, sobre estabelecer metas e alcançá-las. Mas lembre-se: nem toda meta vem a ser adquirir coisas; nem todos os sucessos podem ser contados nos dedos. Acredito que freqüentemente perdemos a visão do que vem a ser o verdadeiro sucesso e a verdadeira importância.

Você se lembrará da expressão: os pensamentos se tornam palavras, as palavras vêm a ser ações, as ações tornam-se hábitos, os hábitos se tornam caráter, o caráter vem a ser destino. Desejo que seu destino seja de sucesso e de importância. Desejo que os hábitos de visão, afirmação e coragem venham a ser o seu marco, a sua marca registrada, de forma que todos possam ver quem você é e falem: "Eis uma pessoa que vê a verdade e a vive. Eis uma pessoa com quem desejo me parecer".

Este sucesso e esta importância serão mais gloriosos se envolverem outras pessoas, além de você. A televisão, os filmes e a propaganda nos envolvem de imagens e falam que podemos ter isto ou podemos ser como aquela pessoa, que o sucesso pode ser medido em dólares e a importância medida em aplausos e decibéis. Estive atrás dessas imagens, entretanto, e a verdade é muito diversa. As pessoas que vivem para a afirmação exterior a elas mesmas nunca parecem ter o suficiente – fama suficiente, aplauso suficiente, amor suficiente.

As pessoas que perceberam que o sucesso vem de quem elas são não precisam da admiração das multidões. As pessoas que se doaram a outras sabem que realizaram algo. As pessoas que auxiliaram alguém sabem que deixaram a sua marca no mundo. Há muitas formas de fazê-lo, grandes e pequenas. Ser um bom pai, uma boa mãe, um bom amigo, é uma dessas formas.

Segundo minha forma de pensar, seu Pai sabe quem você é e o ama. Ama-o o bastante para não deixá-lo permanecer onde está, enrolado em uma pequena bola, dentro de si mesmo. Mas você precisa aproveitar Seu amor. Não é algo simples, você sabe. Não vem a ser sentar-se e falar: "Agora, Deus, o Senhor poderia, por favor, fazer a gentileza de vir até aqui e me dar uma mãozinha?". De fato, é um poder além de nossa compreensão que pode levá-lo a sentir-se como Davi, com Golias a seus pés. Mesmo assim, é um poder que podemos aproveitar.

Na próxima página, você encontrará um documento que pode marcar o início de sua vida plena: O Contrato da Vida Plena. Examine-o bem e, se estiver pronto para embarcar nessa viagem fantástica e maravilhosa, peça a um amigo para ser a testemunha do enlace, do lançamento de sua vida nova. Tornar o contrato público irá desencadear todo o processo. Cabe a você desencadeá-lo. Seu desígnio é tornar-se uma pessoa maravilhosa – realizar a maravilha existente em você, exteriorizando-a. Deixe-me saber o que vai acontecer. Vamos celebrar juntos.